珍藏本
纪念版

汉译世界学术名著丛书

实践理性批判

〔德〕康德 著

韩水法 译

2017年·北京

Immanuel Kant

KRITIK DER PRAKTISCHEN VERNUNFT

汉译世界学术名著丛书
（120 年纪念版·珍藏本）
出 版 说 明

2017 年 2 月 11 日，商务印书馆迎来 120 岁的生日。120 年前，商务印书馆前贤怀揣文化救国的理想，抱持“昌明教育，开启民智”的使命，立足本土，放眼寰宇，以出版为津梁，沟通中西，为中国、为世界提供最富智慧的思想文化成果。无论世事白云苍狗，潮流左右激荡，甚至战火硝烟弥漫，始终践行学术报国之志，无改初心。

迻译世界各国学术名著，即其一端。早在 20 世纪初年便出版《原富》《天演论》等影响至今的代表性著作，1950 年代后更致力于外国哲学和社会科学经典的译介，及至 1980 年代，辑为“汉译世界学术名著丛书”，汇涓为流，蔚为大观。丛书自 1981 年开始出版，历时三十余年，迄今已推出七百种，是我国现代出版史上规模最大、最为重要的学术翻译工程。

丛书所选之书，立场观点不囿于一派，学科领域不限于一门，皆为文明开启以来，各时代、各国家、各民族的思想与文化精粹，代表着人类已经到达过的精神境界。丛书系统译介世界学术经典，引领时代思想,为本土原创学术的发展提供丰富的文化滋养,为推动中国现代学术和现代化进程做出了突出的贡献。

为纪念商务印书馆成立120周年,我们整体推出"汉译世界学术名著丛书"120年纪念版的珍藏本,寄望既利于文化积累,又便于研读查考,同时向长期支持丛书出版的译者、编者和读者致以敬意。

两甲子后的今天,商务印书馆又站在了一个新的历史时间节点上。我们不仅要铭记先辈的身影和足迹,更须让我们的步伐充满新的时代精神。这是商务人代代相传的事业,更是与国家和民族的命运始终紧密相连的事业。我们责无旁贷,必须做好我们这代人的传承与创造,让我们的努力和成果不仅凝聚成民族文化的记忆,还能成为后来人可以接续的事业。唯此,才能不负前贤,无愧来者。

商务印书馆编辑部

2017年10月

目　录

序言 …… 1
导言　实践理性批判的理念 …… 13

第一部　纯粹实践理性要素论

第一卷　纯粹实践理性分析论 …… 17
　第一章　纯粹实践理性原理 …… 17
　　第一节　定义 …… 17
　　　　注释 …… 17
　　第二节　定理一 …… 19
　　第三节　定理二 …… 20
　　　　系定理 …… 21
　　　　注释一 …… 21
　　　　注释二 …… 24
　　第四节　定理三 …… 26
　　　　注释 …… 27
　　第五节　任务一 …… 28
　　第六节　任务二 …… 29
　　　　注释 …… 29
　　第七节　纯粹实践理性基本法则 …… 31

注释 …… 31

系定理 …… 32

注释 …… 33

第八节 定理四 …… 34

注释一 …… 35

注释二 …… 37

一 纯粹实践理性原理演绎 …… 44

二 纯粹理性在实践应用中的一种拓展权利，这种拓展对于思辨应用中的理性本身乃是不可能的 …… 53

第二章 纯粹实践理性对象概念 …… 61

有关善恶概念的自由范畴表 …… 72

纯粹实践判断力范型 …… 73

第三章 纯粹实践理性的动力 …… 77

纯粹实践理性分析论的批判性阐释 …… 97

第二卷 纯粹实践理性辩证论 …… 118

第一章 纯粹实践理性辩证论概论 …… 118

第二章 纯粹理性在决定至善概念时的辩证论 …… 121

一 实践理性二律背反 …… 124

二 实践理性二律背反的批判扬弃 …… 125

三 纯粹实践理性在与思辨理性联结中的优先地位 …… 131

四 纯粹实践理性公设之一：灵魂不朽 …… 133

五 纯粹实践理性公设之二：上帝存在 …… 136

六 概论纯粹实践理性公设 …… 144

七 如何能够思想：在实践意图下拓展纯粹理性而不因此

同时拓展理性的思辨认识 …………………………… 146
八　出于纯粹理性需求的认可 …………………………… 155
九　人类认识能力与人类实践决定的明慧比配 ………… 159

第二部　纯粹实践理性方法论

结论…………………………………………………………… 177
索引…………………………………………………………… 180

译后记………………………………………………………… 194

序　　言 3

这个批判为什么不题名为**纯粹**实践理性批判，而是简单地题名为一般实践理性批判，虽然它与思辨理性批判的对应关系看起来需要前一个名称，对此这部著作做出了充分的说明。这个批判应当单单阐明**纯粹实践理性是存在的**，并且出于这个意图批判理性的全部**实践能力**。如果它在这一方面成功了，它就无需批判**纯粹能力本身**，以发现理性是否以这样一个过分僭越的要求，**超越**了自己（一如发生在思辨理性那里的情况）。因为如果它作为纯粹理性是现实地实践的，那么它就通过事实证明了它的实在性和它的概念的实在性，而反驳它有可能具有实在性的一切诡辩便是徒然的了。

凭借这种能力，先验自由从现在起也就确立了起来，而且这里所谓自由是取其绝对意义而言的，思辨理性在应用因果性概念时需要这种意义上的自由，为着当它要在因果联结的系列中思维**无条件者**时，将它自己从它不可避免地陷于其中的二律背反中挽救出来；但是思辨理性只能将自由概念以或然的，即并非不可思维的方式树立起来，而不能确保它的客观实在性，而且思辨理性如此办理，只是以免将那些它至少必须承认可以思维的东西，假定为不可能，从而危及了理性的存在 ，使它陷入怀疑主义的深渊之中。

自由概念的实在性既然已由实践理性的一条无可争辩的法则

证明，它就构成了纯粹的、甚至思辨的理性体系的整个建筑的拱顶
4 石，而所有其他概念（上帝的概念和不朽的概念）作为单纯的理念原来在思辨理性里面是没有居停的，现在依附于自由概念，与它一起并通过它得到安定和客观实在性，这就是说，这些概念的可能性已由自由是现实的这个事实得到了证明，因为这个理念通过道德法则展现了自己。

但是，在思辨理性的所有理念里面，自由是我们先天地知道其可能性却仍然不理解的唯一理念，因为它是我们所知道的道德法则的条件。[①] 不过，上帝和不朽的理念不是道德法则的条件，而只是被这条法则所决定的意志的必然客体的条件，这就是说，是我们纯粹理性的单纯实践应用的条件。于是，对于这些理念，不仅我不想说及现实性，而且甚至我们也不能断言认识和理解它们的可能性。然而，它们却是道德上受决定的意志运用于其先天所与的客体（至善）时的条件。因此，在这种实践的关联里，它们的可能性是能够而且必须被认定的，虽然并未从理论上认识它们，理解它们。因为就实践的意图而言，这些理念不包含任何内在的不可能性（矛盾），对于后一个要求就足够了。这里与思辨理性相比较，现在有一个信念的单纯主观的根据，不过这个根据对于一个同样纯粹却又实践的理性来说则是客观有效的，而且这个根据凭借自由概念

① 当我现在把自由称为道德法则的条件，而在随后的著作里面又声称道德法则是我们能够最初意识到自由所凭借的条件时，为了使人们不误以为在这里遇到了前后不一贯，我只想提醒一点：自由诚然是道德法则的存在理由（ratio essendi），道德法则却是自由的认识理由（ratio cognoscendi）。因为如果道德法则不是预先在我们的理性中被明白地思想到，那么我们就决不会认为我们有正当理由去认定某种像自由一样的东西（尽管这并不矛盾）。但是，假使没有自由，那么道德法则就不会在我们内心找到。

还使上帝和不朽两个理念获得了客观实在性和权限，甚至还带来非认定这些理念不可的主观必然性（纯粹理性的一种需要）。但是，理性并不因此在理论知识方面有所拓展，只是被给予了一种可 5
能性，后者先前只是一个**问题**，而现在成了一个**断言**，这样，理性的实践应用就和理论理性的原理结合起来了。这个需要并不是思辨的一个任意意图的假设性的需要：如果人们想把思辨中的理性应用推进至圆满地步，就必须认定某种东西；这种需要乃是一种**法则的**需要：认定某种东西，而假若没有它，那么人们应当谨严地树立为自己所作所为的意图的那种东西就不会发生。

如果不用如此迂回寻绎就可以解决那些课题，而把它们保存为供实践应用的洞见，这当然会令我们的思辨理性更为满意；然而我们的思辨能力却没有这么良好的禀赋。自诩有这种高妙认识的人，不应该藏而不露，而应该将它公开呈现出来，以便检验，让人赞叹。他们想来**证明**；那好！就让他们来证明罢，而且批判将全副武装放在作为胜利者的他们的脚下。**为什么还站着？他们不肯。他们原是可以幸福的**（Quid statis? Nolunt. Atqui licet esse beatis）①。——由于事实上他们也不肯，所以估计因为他们不能，那么，我们只得将那些武器重新拾起，为着在理性的道德应用中寻找并在其上建立**上帝**、**自由**和**不朽**这些概念，而思辨无法为这些概念的**可能性**觅得充分的保障。

在这里，批判之谜的确也就首次解开了：为什么我们能够在思辨里面**否定各种范畴超感性应用**时的客观实在性，而鉴于纯粹实

① 贺拉斯：《讽刺诗集》（Horaz：*Satir*），第一卷，第一节，十九行。

践理性的客体却又承认这种实在性;设若我们只依名称来认识这样一种实践的应用,那么这一点初看起来必定是前后不一贯的。但是,现在通过详细分析理性的实践应用我们就会明白:这里所想到的实在性并不涉及范畴的理论规定和知识向超感性界的拓展,而只是因此指出,这些概念在这种关联中毕竟有一个客体,因为这些概念或者包含在先天必然的意志决定之中,或者与意志的对象不可分割地联结在一起;这样,那个前后不一贯就便消失了,因为我们是以异于思辨理性所要求的方式应用那些概念的。相反,现
6 在关于思辨批判的前后一贯的思想方式,出现了一个出乎意料而令人十分满意的证明:这种思辨原来谆谆告诫说,经验对象本身,包括我们的主体在内,只可承认是现象,但同时将物自身置为它们的基础,这样,一切超感性的东西才不至于被看作是虚构,它们的概念也才不至于被看作是空无内容的:现在实践理性自身并未与思辨理性约定,就独自给因果性范畴的超感性对象,也就是自由提供了实在性(虽然作为一个实践概念还只供实践的应用),而且实践理性通过一个事实也证实了在思辨理性那里只能够思维的东西。于是,思辨批判里面那个虽然令人惊奇却无可争辩的主张,即连思维的主体**在内直观里面**对于它自身也只是一个现象,在实践理性批判之中也得到其完全的证实,这个证实如此有说服力,以至于我们必须接受它,尽管第一批判根本没有证明这个命题。[①]

① 通过道德法则确立的作为自由的因果性和通过自然法则确立的作为自然机械作用的因果性,除非将与前者相关的人表象为纯粹意识中存在者本身,而将后者表象为经验意识中的现象,就不可能统一于同一个主体,即人之内。否则,理性的自我矛盾是不可避免的。

由此我也就理解了，为什么我迄今所遇到的针对批判的驳难恰好都围绕着如下两点：**一方面**，在理论知识中被否定，而在实践知识中却又受肯定的那些用于本体的范畴的客观实在性；**另一方面**，那个自相矛盾的要求，即既把自己看作自由的主体，使自己成为本体，又同时因自然的意图使自己成为自己经验意识中的一个现象。因为只要他们对于德性和自由还没有构成任何明确的概念，那么他们就不能猜测，一方面人们会取什么作为本体构成所谓现象的基础，而在另一方面也不能猜测，究竟是否有可能形成有关它的任何概念，因为我们先前已经把理论应用方面的纯粹知性的一切概念都归于现象了。只有对实践理性的详尽批判，才能消除 7
所有这些误解，并使构成它最大优点的那种前后一贯的思维方式明白地显示出来。

到此为止，我所要辩护的就是：那些业已经过特别批判的纯粹思辨理性的各个概念和原理，在这里又经一番考察，而这种做法原本不符合建立一种科学时所应采取的系统程序（因为业经判定的事情只须加以引证便可以了，不必再予以讨论）。不过在**这里**，这种做法不但允许，甚至是必要的：因为我们在这里看到理性及其概念已经转移到另外一种应用，而与理性在**那里**应用这些概念的方式完全不同了。但是，这样一种转移就使得比较新旧两种应用成为必要，以便区分新旧两条路径，同时观察出它们之间的联系。于是，人们就不会将这类考察，其中包括再度针对自由但在纯粹理性的实践应用之中的考察，视为只应当用于补苴思辨理性批判体系罅漏的补衬（因为这个体系就其意图而言是完整无缺的），也不会视为通常是给匆忙建筑起来的屋宇后加的支撑和扶垛，而是视

为使体系的连结明显起来的真实环节，以使我们洞察到，在前面只能够被表象为成问题的那些概念是实在的。这个提醒尤其适合自由概念，关于这个概念我们惊奇地注意到，居然那么多的人只是从与心理学的关联之中来看待自由概念，而自诩完全领会了它，并且能够解释它的可能性；然而如果他们先在先验的关联之中准确地思考自由概念，那么他们就会认识到，它作为一个成问题的概念在思辨理性的完整应用中是**不可或缺**的，而且也是完全**不可理解**的，并且如果他们后来进入这个概念的实践应用，那么他们必定达到他们现在如此不情愿同意的、就其原理决定其实践应用的地步。自由概念对于一切**经验主义者**都是一块绊脚石，但对于**批判**的道
8 德学家却是打开最崇高的实践原理的钥匙，后者通过这个概念领会到：他们不得不**以理性的方式**行事。出于这个缘故，我请求读者不要忽略我在分析论结尾关于这个概念所做的论述。

这样一个体系，一如它在这里从经过批判之后的纯粹实践理性之中所发挥出来的那样，尤其为着不致错失这个体系的整体所由以勾勒出来的正确观点，是否花费了或大或小的工夫，我必须听由了解这样一种工作的人来判断。这个体系虽然以《道德形而上学基础》为前提条件，不过这仅限于那部著作使人暂先认识职责原则，诠释一个确定的职责公式并证明其正当的理由[①]；至于其他方

① 一个想对本书有所非难的评论家说道，在这本书里所制定出的不是一种新的道德原则，而只是一个公式，他这句话比他原本想要表达的意思中肯一些。但是，谁想介绍一种所有德性的新原理，并且仿佛他首次发明了这些德性？似乎世界在他之前不知道什么是职责，或者完全弄错了。但是，谁要是知道一个十分准确地规定了该如何解题而不容出错的公式，对数学家意味着什么，他就不会认为一个就所有一般职责起同样作用的公式是毫无意义的，可有可无的。

面，这个体系是独立自足的。这里附加的所有实践科学的分类没有像思辨理性批判所做的那样完整，这一点可以在这个实践理性能力的性质之中找到有效的根据。因为决定作为人类职责的职责，以便将它们分类，只有在作为这个决定的主体(人)依照其性质的实际面目，哪怕只是在一般职责所必需的范围以内，首先被认识之后，才是可能的。但是这个任务不属于一般实践理性批判，后者只应该详尽阐明它的可能性、范围和界限，而与人性没有特别的关系。因此，职责分类在这里只属于科学的体系，而不属于批判的体系。

某位爱好真理、头脑敏锐、因此也就永远值得尊重的评论家驳难《道德形而上学基础》说，善的概念在那里没有先于道德法则确 9
立起来(按照他的意见这是必需的)①；对此我在分析论的第二章，

① 人们还可以驳难我说：为什么我也不先解释欲求能力的概念或快乐情感的概念；虽然这个非难是不公平的，因为人们应该能够合理地假定这个解释，就如心理学里面所做的那样。不过心理学中的定义自然是这样建立的：快乐情感构成欲求能力决定的基础(就如实际上人们一般习惯于做的那样)，但是通过这个方式实践哲学的最高原则必定会降为经验的了；这一点是首先要予以证明的，并且在这部批判里面被完全驳倒了。因而，我在这里将如其必定所是的样子给出这个解释，以便在一开始公平地将这个聚讼之点搁置起来。——**生命**是存在者依照欲求能力的法则去行动的能力。**欲求能力**是这个存在者通过他的表象而成为这些表象的对象现实性的原因的能力。**快乐**是对象或行为与生命的**主观**条件相互契合的表象，也即与一个表象就其客体的现实性而言的因果性(或者决定主体的各种力量行动起来，以产生这个对象的)能力相互契合的表象。为了批判从心理学借来的种种概念，我不再需要别的；其余的这个批判自身会提供。人们很容易看到，快乐是否必须始终构成欲求能力的基础，或者它是否在某些条件下只是随欲求能力的决定而出现，这个问题并未通过这个解释得到确定；因为它只是由纯粹知性的一些标志，即不含任何经验成分的范畴组成的。这种谨慎在全部哲学中都是非常可取的，然而却常常被忽略了，这就是说，在概念未经详细解析(这常常只是在很晚才达到的)之前，就不应该用一个草率的定义提出对它的判断来。人们在(理论理性和实践理性)批判的整个进程将注意到：在这个进程中存在着许多机缘，去弥补哲学的陈旧独断方式的一些缺陷并且改正错误，这些错误在人们从理性上应用这些概念之前是未被注意到的，而理性的应用关涉这些概念的整体。

如我所希望的那样，做了充分的答辩。我也同样重视来自那些真心要查明真理的人的驳难（因为那些眼里只有自己的陈旧体系，并且已经预先决定赞许什么，不赞许什么的人，对于任何可能会妨碍他们的个人见解的探讨，都会掩耳却步的）；并且我还要继续这样做。

当事关决定人类心灵一个特殊能力的源泉、内容和界限时，依照人类认识的本性，人们唯有从心灵的各个部分开始，从对这些**部分**的精确而（就我们已经获知的要素的现状而言）详尽的描述开始。但是还有第二个更具**哲学意味**和**建筑学意味**的应行注意之点：这就是说，要正确地把握**整体的理念**，并且从这个理念出发，在所有那些部分的彼此交互关联里面，借助于从那个整体的概念将它们推导出来的方式，在同一个纯粹理性的能力之中考虑这些部分。这种检视和保障只有在具有对于那个体系的真知灼见之后才有可能；那些对第一步的探索已经厌烦的人，那些以为无需劳精敝神去获得那种真知灼见的人，达不到第二阶段，即综览的阶段；这个阶段就是以综合的方式返回到先前以分析的方式被给予的那些原理。于是难怪他们处处都发现不一致，虽然这种漏洞他们可以推测出来，但他们不是在体系本身，而是在他们自己不一贯的思路中找到的。

我并不担心人们责难这部论著说，这种知识既然近于通俗，又何必引进一套**新的语言**来呢？即便就第一部批判而言，这种责难也不会有人赞同，如果他们不是浏览了一下，而是业经彻底思考的话。在语言足以表达所与的概念时造作新词语，就是不用新颖真实的思想而以新补丁缝在旧衣裳上的方式来显示自己与众不同的

幼稚努力。因此，如果那部著作的读者知道有比在我看来更通俗的措辞同样切合书中的思想，或者他们甚至敢于证明那些思想的空洞无物，从而同时证明每一个说明这种思想的措辞的空洞无物，那么，在第一种情形下，我就非常感激他们，因为我只求为人理解，但在第二种情形下，他们就有功于哲学了。但是，只要那些思想还站得住脚，我就很怀疑能够给它们找到既更切合又更通用的措 11
辞。①

于是在这种方式之下，心灵的两个能力，即认识能力和欲求能 12
力的先天原则从现在起就被查明了，它们应用的条件、范围和界限

① 这里，（比起那种不理解来）我更为担心的是对于若干措辞没完没了的误解，这些措辞我曾极其小心地加以选择，以免人们错过它们所指的概念。于是，在实践理性范畴表中，模态标题之下的可允许的和不允许的（实践—客观地可能的东西和不可能的东西）两个范畴与紧随其后的职责和违反职责两个范畴，在日常的语言惯用法里面几乎具有同样的意义；但是在这里，第一对范畴意指与单纯可能的实践规矩符合或不符合（有如几何学和力学的一切问题的解决）的事情，第二对范畴意指与现实地存在于一般理性中的法则有这样一种关联的事情；意义的这种差别与日常的语言惯用法也并不是格格不入的，虽然有些不同寻常。譬如，一个身为演说家的人去造作新词或新的语词搭配，这是不允许的，而对于一个诗人，这则在一定程度上是可允许的；在这两种情况下人们都没有想到职责。因为谁要想抛弃演说家的名望，是没有人能够阻拦他这样做的。这里的问题是将命令区分为或然的、实然的和必然的三种决定根据。我在比较不同哲学流派的实践完满性的道德理念的那个注解中，也同样把智慧理念与神圣性理念区分开来，虽然我立刻把它们解释成甚至在根据方面和客观上是同一的。不过在那里，我所谓的智慧就是指人们（斯多亚派）自命的那种智慧，所以它被主观地错归于人的品性。（或许德行一词能够更好地标示斯多亚派的特点，而这个学派也可以借德行炫耀于世。）但是纯粹实践理性公设一词仍然最可能引起误解，倘使人们把它与带有必然可靠性的纯粹数学公设所具有的意义相混淆的话。但是数学公设设定一个行为的可能性，人们能够预先从理论上以完全的可靠性先天地认识到这个行为的对象是可能的。但是纯粹实践理性的公设根据必然的实践法则设定了一个对象（上帝和灵魂不朽）自身的可能性，所以只是为了实践理性而已；因为这种设定的可能性完全不具有理论的可靠性，从而也不具有必然的可靠性，这就是说，不是就客体而言已认识到的必然性，而只是就主体遵守它客观的然而实践的法则而言乃必然的认定，因此，它只是一个必然的假设。我不知道如何为这种虽然主观的然而却真正的和无条件的理性必然性找到更好的措辞。

也就得到了规定，不过，稳固的基础也因此为作为科学的、成体系的理论哲学和实践哲学奠立起来了。

但是，如果有人竟然出乎意料地发现，根本就不存在先天知识，而且也不可能存在先天知识，那么这番辛苦所能遭受的噩运就莫甚于此了。但是这种危险并不存在。这就犹如有人想通过理性证明理性不存在。因为当我们意识到某种东西即使不像在经验里面那样呈现出来我们也能够知道它时，我们才说，我们通过理性认识了它；因此，理性的知识和先天的知识是一样的。要从经验之中榨取必然性（ex pumice aquam〈石中取水〉），并想借此给一个判断谋得真正的普遍性（没有普遍性，就没有理性的推理，因而也就没有类比推理，后者至少具有一种推测的普遍性和客观必然性，并且因而始终以此为先决条件），是一个不折不扣的矛盾。用主观必然性，即习惯，来代替只发生于先天判断之中的客观必然性，就是否认理性有判断对象的能力，亦即否认理性有认识对象以及属于对象的东西的能力；这就是不能说，譬如对于某种常常或者始终随着某种在先的状态而来的东西，人们能够从前者推论后者（因为这就意指客观必然性和先天联结的概念），而只能说，人们可以期待（就像动物一样）相似的情形，这也就是说，人们把原因概念看作是完全虚假的并且只是一种幻觉而抛弃了。有人为了补救客观的和由之而来的普遍的有效性的这种缺乏，就说：人们并没有看到给另外一种理性存在者赋予另外一种表象方式的根据；如果这个推论是有效的话，那么我们的无知就会比所有的沉思更有助于拓展我们的知识了。正是因为我们除了人类以外不再认识其他种类的理性存在者，所以我们有权利假定他们具有我们在自己身上认识到

的那种性质，这就是说，我们会现实地认识他们。我在这里并未说及：普遍同意并不证明一个判断的客观有效性（即这个判断作为认 13
识的有效性），而是提到：如果这种普遍同意偶尔切合实际，这仍然不能证明它与客体符合一致；相反，只有客观有效性才构成必然的普遍一致的基础。

休谟会相当满意在原理方面的这种**普遍的经验主义体系**；因为众所周知，他所要求的无非是，在原因概念方面认定一个单纯主观意义的必然性即习惯来替代客观意义的必然性，以剥夺理性对于上帝、自由和不朽的所有判断；并且他非常清楚，一旦人们只承认他的这些原理，如何以全部的逻辑准确性从中推出种种结论来。但是甚至休谟也没有使经验主义包罗一切，以致将数学也纳入其中。他认为数学的命题是分析的，而如果这种主张有其正确性的话，它们在事实上就是必然的；但同时人们并不能由此推论说，理性也有在哲学里面作出必然判断的能力，因为这样一种判断是综合的（犹如因果性命题）。但是，假使人们认定经验主义的原则是**普遍的**，那么数学也会被纳入其中。

现在倘若数学陷入与单单承认经验原理的理性的冲突，比如，这一点在二律背反里面就是不可避免的，在那里数学无可争辩地证明空间的无穷可分性，而经验主义却不能允许这一点，那么数学证明的最大可能的明证性与来自经验原则的所谓结论就是明显矛盾的；于是现在人们就和**切斯尔登**的盲人一样不得不问：什么在欺骗我，视觉还是触觉？（因为经验主义建立在一种**感觉到的**必然性上面，而理性主义建立在一种**领会到的**必然性上面。）这样，普遍的经验主义就表现为地地道道的**怀疑主义**了；人们曾在这样一种毫

无限制的意义上把怀疑主义诿于**休谟**，这是错误的[①]，因为他至少
14 在数学上留下了一块有关经验的可靠试金石，而彻底的怀疑主义根本不承认任何有关经验的试金石（它始终只是在先天的原则里面才能被发现的），虽然经验不单是由情感，而且也是由判断组成的。

因为在这样一个哲学和批判的时代，很难说有人能够认真地对待这种经验主义，而且它们之所以被提出来，或许只是为了练习判断力，并且通过对比使先天理性原则的必然性更加清楚地显示出来，所以我们对于那些甘愿劳心费神于这种原本并无教益的工作的人们，只能感激而已。

① 标志学派信徒的名称总是自身带有许多曲解；当有人说，某某是一个**唯心主义者**，或许就是如此。因为虽然他不仅承认，而且强调，我们关于外在事物的表象符合于外在事物的现实对象，他仍然要承认，这种对象表象的形式不依赖于它们，而只是依赖于人类的心灵。

导言　实践理性批判的理念 15

理性的理论应用处理单纯认识能力的对象，并且着眼于这种应用的理性批判根本上只涉及**纯粹的**认识能力，因为这个能力激起疑虑，这个疑虑后来也得到证实：这个能力容易逾越它的界限而迷失于不可达到的对象或者甚至相互冲突的概念之中。至于理性的实践应用，情形就完全不一样了。在这种情形下，理性处理意志的决定根据，而意志或者是产生与表象相符合的对象的一种能力，或者竟然就是决定自身而导致这些对象（不论自然的能力是否足以胜任）的能力，亦即决定其自身的因果性的能力。因为在这里理性至少足以决定意志，并且如果只是事关愿欲的话，那么理性总是具有客观实在性的。于是，这里第一个问题就是：纯粹理性是否自身就足以决定意志，抑或它只有作为以经验为条件的理性才能成为意志的决定根据呢？现在这里出现了一个已由纯粹理性批判证明其有正当理由然而无法经验地描述的因果性概念，这就是**自由**概念；现在倘使我们能够找到根据证明，这个特性事实上属于人类意志（并且因而也属于一切理性存在者的意志），那么这就不但表明纯粹理性能够是实践的，而且还表明，唯有它，而不是以经验为条件的理性才是无条件地实践的。因此，我们无需从事**纯粹实践**理性批判，而只需从事一般**实践**理性批判。因为纯粹理性一经证 16

明存在，就无需任何批判了。正是纯粹理性自身包含着批判其全部应用的准绳。因此，一般实践理性批判就有责任去防范以经验为条件的理性想要单独给出意志决定根据的狂妄要求。只有纯粹理性的应用，倘若这种理性的存在得到证明的话，才是内在的；相反，自封为王的以经验为条件的理性应用则是超验的，并且表现在完全逾越自己领域以外的种种无理要求和号令之中。这与能够就思辨应用中的纯粹理性所说的，刚好是相反的情形。

不过，因为正是纯粹理性的认识在这里构成了实践应用的基础，所以实践理性批判的布局在大体上仍然必须按照思辨理性的布局来安排。于是，我们必须有实践理性批判的要素论和方法论，而作为第一部分的要素论必须有作为真理规则的分析论，以及描述和解决实践理性判断中的假象的辩证论。不过，分析论之下的布局次序将与纯粹思辨理性批判中的次序相反。因为在当下的批判中，我们将从原理出发而至于概念，随后才从这里，如果可能的话，进到感觉；与此相反，在思辨理性那里我们必须从感觉出发而在原理处结束。其所以如此的根据又在于：我们现在必须处理意志，并且必须不是从与对象的关系中，而是从与这个意志及其因果性的关系中来考虑理性，因为不以经验为条件的因果性原理必须先行，然后我们才能设法确定我们关于这样一种意志的决定根据的概念，确定这些概念在对象上、最后在主体和主体的感性上的运用。源于自由的因果性法则，亦即任何一个纯粹实践原理，在这里不可避免地形成开端，并且决定唯有它才能与之相关联的那些对象。

第一部

纯粹实践理性要素论

第一卷　纯粹实践理性分析论 19

第一章　纯粹实践理性原理

第一节　定义

实践**原理**是包含意志一般决定的一些命题，这种决定在自身之下有更多的实践规则。如果主体以为这种条件只对他的意志有效，那么这些原理就是主观的，或者是准则；但是，如果主体认识到这种条件是客观的，亦即对每一个理性存在者的意志都有效，那么这些原理就是客观的，或者就是实践法则。

注　释

我们如果认定，**纯粹**理性能够在自身就包含一个实践的，即足以决定意志的根据，那么实践法则就是存在的；否则，那么一切实践原理都将是单纯的准则。在理性存在者受本能刺激的意志之中，人们便能够见及准则与他认识到的实践法则的冲突。譬如，一个人能够把受辱必报作为准则，并且同时也能够明白：这不是实践法则，而只是他的准则，倘使相反被当作每一个理性存在者的意志的规则，那么它在同一个准则中就不能自相一致了。在自然知识里面，所发生的事件的原则（譬如，在传递运动时作用力与反作用

力相等的原则），同时就是自然法则；因为理性的应用在那里是理
20 论的，是由客体的性质决定的。在实践知识里面，即在单纯处理意志的决定根据的知识里面，人为自己所立的原理并不因此就是他势必服从的法则，因为理性在实践层面只处理主体，亦即欲求能力，而规则会以各种形式取决于欲求能力的特殊性质。实践的规则始终是理性的产物，因为它指定作为手段的行为，以达到作为目标的结果。但是，对于不以理性为意志的唯一决定根据的存在者，这个规则是一个命令，亦即是以表达了行为的客观强制性的应当为其特征的一条规则；它意指：如果理性完全决定意志，那么行为就会不可避免地依照这个规则发生。命令因而是客观有效的，与作为主观原理的准则完全不同。但是命令或者单单就一个结果和足以达到结果的充分性而言，决定作为现实化原因的理性存在者的因果性条件，或者它只是决定意志，而不论它是否足以达到这个结果。前者是假言命令，单单包含技巧规矩；与之相反，第二种是定言命令和唯一的实践法则。由此可见，准则虽然是**原理**，但不是**命令**。但是命令自身如果是有条件的，也就是说，如果它们不是决定作为意志的意志本身，而只是着眼于欲求的结果决定意志，即它们是假言命令，那么它们虽然是实践**规矩**，但决非**法则**。法则必须充分决定作为意志的意志，而不待我问：我是否有为达到所欲求的结果而必需的能力，或者为了产生这个结果，我应该做什么。法则因而是定言的，否则它们便不是法则；因为它们缺乏必然性，而如果它们想要是实践的话，这种必然性必须独立于本能的、从而偶然地粘在意志上的条件。譬如对某个人说，他在年轻时必须勤劳节俭，以免老来贫困，那么，这是正确而同时又重要的意志的实践规

矩。但是我们同时看到:意志在这里被引向人们预先假定它所欲求的**别种东西**上去了;而这种欲求人们必须托付给他,即行为者本人:或者他除了自己所获财富之外尚可指望其他财源,或者他根本不希望活到老,或者自忖有朝一日身处穷困亦可勉强应付。唯一能够产生一切包含必然性的规则的理性,虽然也赋予这条规矩以必然性(因为没有必然性,它就不是命令),但这种必然性是以主观为条件的,并且我们也不能假设这种必然性以同样程度存在于一切主体之中。但是,至于理性的立法,所要求的就是:理性需要只以它**自身**为先决条件,因为规则只有在没有那些使理性存在者彼 21
此相异的主观偶然条件而可行时,才是客观地和普遍地有效的。现在告诉一个人说,他决不应当许人虚诺,那么这是一个只涉及他意志的规则;不论这个人可能怀抱的意图是否能够通过这个规则达到;唯有这个愿欲是应当由那个规则完全先天地决定的。倘使现在人们发现,这个规则是实践地正确的,那么它就是一条法则,因为它是一个定言命令。于是,实践法则单单关涉意志,而并不顾及通过意志的因果性成就了什么,并且人们可以不顾后者(因为属于感性世界)而保持法则的纯粹。

第二节　定理一

凡是把欲求能力的**客体**(质料)作为意志决定根据的先决条件的原则,一概都是经验的,并且不能给出任何实践法则。

所谓欲求能力的质料,我是指其现实性为人所欲求的对象。如果对于这个对象的欲望先行于实践规则,并且是后者成为原则的条件,那么我就说(**第一**):这条原则就始终是经验的。因为意愿的决定根据就是客体的表象以及客体与主体的关系，而欲求能力是通过这种关系而被决定去实现那个客体的。但是与主体的这种关系就是对于对象现实性的快乐。这样，我们必须设定这种快乐乃意愿之决定的可能性条件。但是，我们对于任何一种对象的表象，不论它是什么，都不能够先天地知道：它是与快乐或不快联结在一起的还是了无相干的。那么，在这种情形下，意愿的决定根据就必定时时都是经验的，从而那以此为先决条件的实践的质料原则也必定时时都是经验的。

现在（第二）一个以对快乐与不快（这时时只能以经验的方式被认识，并且对一切理性存在者是不能同样有效的）的接受性这种主观条件为基础的原则，虽然成为具有这种接受性的主体的准则，
22 但是甚至也不能用作这个主体自身的法则（因为它缺乏那必须被先天地认识的客观必然性），由此可见，这样一个原则决不能给出实践法则。

第三节　定理二

一切质料的实践原则本身皆为同一种类，并且从属于自爱或个人幸福的普遍原则。

出自一个事物实存的表象的快乐，在它应当是对这个事物的欲求的决定根据范围内，是以主体的接受性为基础的，因为它依赖于一个对象的此在；从而它属于感觉（情感），而不属于知性，后者依照概念表达表象与一个客体的关系，而不依照情感表达表象与主体的关系。于是，只有在主体期待于对象现实性的那种愉悦感受决定欲求能力的范围之内，这种快乐才是实践的。但是，现代一

个理性存在者有关贯穿他整个此在的人生愉悦的意识就是幸福，而使幸福成为意愿的最高决定根据的那个原则，正是自爱原则。那么，一切质料的原则，既然将意愿的决定根据置于从任何一个对象的现实性那里感受到的快乐与不快之中，便在它们一并属于自爱原则或个人幸福的范围以内，皆为同一种类。

系　定　理

一切质料的实践规则都把意志的决定根据置于低级的欲求能力之中，倘使没有足以决定意志的单纯形式的意志法则，那么任何高级的欲求能力都可能会得不到承认了。

注　释　一

人们不免奇怪，有些原本敏锐的人竟然能够相信：只要分清那 23
与快乐联结的表象是发源于感觉，抑或发源于知性，便可以找到低级欲求能力和高级欲求能力之间的区别。因为当我们追问欲求的决定根据，而把它置于对任何一种事物所期待的愉悦里面时，那么问题就非关令人愉快的对象的表象源自何处，而只是它使人如何愉快了。一个表象纵然居于并且发源于知性，但是它只有通过设定主体中的快乐情感才能决定意愿，那么这个表象之所以是意愿的决定根据，就完全取决于内感觉的性质，也就是取决于后者能被它刺激起愉快来这一点。各种对象的表象无论如何不同，无论是知性表象，甚至是与感觉表象相对立的理性表象，它们所借以从根本上成为意志的决定根据（正是人们期望于对象的那种愉悦、那种愉快，促发了产生出这个对象的活动）的那种快乐情感皆为同一种类，这不仅在于它时时只能在经验中被认识，而且也在于它所刺激的是在欲求能力中表现出来的同一个生命力，并且在这样一种关系中，它与其他决定根据无非只能有程度上的差异而已。否则，我们如何能够比较两个依其表象方式完全不同的决定根据的**大小**，以便优先选择那最能刺激欲求能力的决定根据呢？同一个人能够将一部不可再得的富有教益的书，不经阅读而还给他人，以免耽误打猎；能够中途离开一场绝妙讲演，以免迟赴饭局；能够从自己平时相当赞赏的话语澄明的谈局中抽身出来，去参加牌局；甚至能够因为他当时手头的钱仅够用来买一张喜剧门票，而斥退自己原本乐意周济的穷人。如果意志的决定依赖于他出于随便什么原因而期待的愉悦或不愉悦，那么他是通过何种表象方式受到刺激的，对他来说都完全是一样的。他在作出选择时所要考虑的就是，这种愉悦有多强烈，有多久长，是否容易得到，是否经常复现。与此相同，需金钱开销的人，只要金钱处处原值通用，那么金钱的质料，即金子是从山里挖出，还是从沙里淘出，则都是无所谓的；所以，如果一个人只求人生愉悦，那么他就不问那些表象是知性表象还是感性表象，而只问在最长的时间内它能够为他带来**多少**和**多大**的**愉快**。唯有那些乐意否认纯粹理性具有不以某种情感为先决条件就
24 决定意志的能力的人，才能远离他们自己的观点而误入迷途，以致把他们自己先归在同一个原则之下的某种东西，随后却解释为是完全不同的。譬如，我们发现，人们能够仅仅因**施展力量**而愉快，能够因意识到在排除妨害下决心的障碍时心灵刚毅而愉快，能够因修养心智而愉快；我们有理由称它们为雅兴高致，因为它们比别种欢愉更受我们支配，也不劳精敝神，反而涵养更多享受这类乐

趣的情感，而且既可令人其乐融融，又可修身养性。但是，因此就把它们冒充为不同于仅仅通过感觉来决定意志的另一种方式，同时为了那种愉快的可能性，它们却还要假设我们心中有一种着意于此的情感，作为这种惬意的首要条件，这就有如一些乐意在形而上学里面滥竽充数的不学无术者，他们想象物质是那样的精微，乃至过分精微，以致自己就为此神思恍惚，因而相信他们已经照这种方式捏造出一种精神的但仍然有广延的存在来。如果在德行方面，我们也与伊壁鸠鲁一样听凭德行所允诺的愉快来决定意志，那么我们就不能随后又指责他说，他把这种愉快与最粗俗的感觉愉快完全混同为一了；因为人们绝无理由诿过于他说，他把刺激起我们心中情感的那些表象仅仅归于肉体感觉。他一如人所猜测的那样，也在高级认识能力的应用之中找到许多表象的源泉；但是，这并没有妨碍他，也不能妨碍他依照上述原则认为，那些充其量系理智的表象给予我们的、并且这些表象只有借之才能够成为意志的决定根据的愉快本身，也完全是一样的。前后一贯是哲学家的最大责任，却极少见及。古希腊各个学派给我们提供的有关榜样，多于我们在我们这个折衷主义的时代所见及的；在我们这个时代，某种相互矛盾的原理的结盟体系极尽虚伪和浅薄之能事，因为它更迎合那些满足于样样都懂而一知半解，因而万事通式的读者。个人幸福原则，不论其中运用了多少知性和理性，对于意志而言除了那些适合于低级欲求能力的决定根据之外，仍然不包含其他的决定根据；于是，或者根本没有高级欲求能力，或者纯粹理性必定是独立而自为地实践的，这就是说，通过实践规则的单纯形式决定意志，而毋需设定任何情感、从而毋需愉悦与不愉悦的表象作为欲求

能力的质料，后者时时是原则的经验条件。只有当理性能够自为
25 地决定意志（而不服务于禀好）时，它才是那可以受本能决定的欲求能力委质其下的一个真正**高级**的欲求能力，并且确实与受本能决定的欲求能力不同，甚至**有种类上**的不同，这样，它与后者的些许混合就会摧毁它的力量和优越性；这犹如在数学证明中用作条件的些许经验就会降低和取消了数学的尊严和确定性。理性在实践法则中直接决定意志，而不必借助于偶然生发的快乐和不快的情感，甚至不必借助于对这个法则的快乐与不快的情感，这只是因为，如果使理性能够**立法**，那么它作为纯粹理性是能够实践的。

注　释　二

求得幸福，必然是每一个理性的然而却有限的存在者的热望，因而也是他欲求能力的一个不可避免的决定根据。因为对他自己整个此在的满足不是某种天然的禀赋和洪福，后者当以他自己的独立自足的意识为先决条件，而是一个由他自己的有限本性强加在他头上的问题，因为人们有所需求；而这种需求涉及人们欲求能力的质料，也就是说，它涉及某种与构成主观基础的快乐或不快的情感相关联的东西，而这种情感决定了人们为满足于他们的状态所必需的东西。但是，因为这个质料的决定根据只能在经验中被主体认识到，所以我们就不可能把这样一个任务看作一个法则，因为法则客观地在一切场合和对于一切理性存在者包含着意志的**同一个决定根据**。因为虽然幸福概念处处构成了**客体**与欲求能力的实践关系的基础，它仍然只是种种主观决定根据的一个通名，并不专门决定某种东西，因此后者仍然是要在这个实践任务中单独处

理的，并且若无那个决定，这个任务便完全不能够得到解决。因为每个人应该将他的幸福置于何处，取决于每个人自己独特的快乐与不快的情感，而且甚至在同一主体之中，也取决于随他的情感而变化的不同需求；因而一个**主观的必然**法则（作为自然法则）在**客观上**也就是一个完全偶然的实践原则，而且能够并也必然随着主体的不同而大相径庭，因而决不能充任一个法则；因为在追求幸福的欲望方面，关键之点不在于合乎法则性的形式，而只在于质料，也就是说，取决于我是否可以因遵循法则而期待愉快，以及可以期待多少愉快。自爱原则诚然能够包含一般的技巧规则（就是寻求 26 达到目标的手段）；不过它因而就是单纯理论的原则[①]，譬如，一个人喜欢吃面包，他就必须设计一盘磨子。但是建立在这些原则上面的实践规矩始终不能是普遍的，因为欲求能力的这个决定根据是立足于快乐与不快的情感的，而后者决不能被看作是普遍地指向同样的对象的。

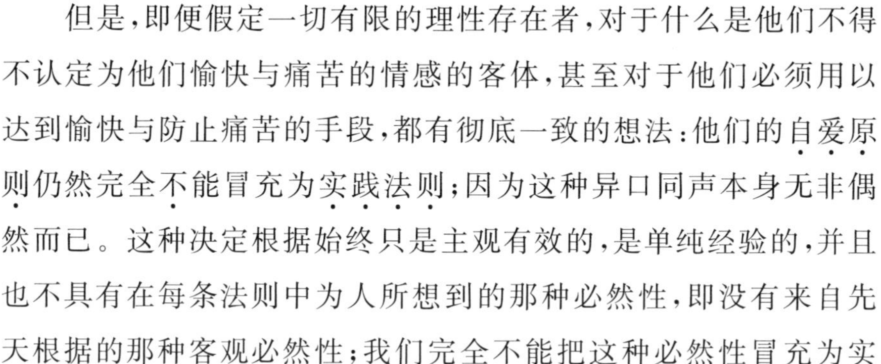

但是，即便假定一切有限的理性存在者，对于什么是他们不得不认定为他们愉快与痛苦的情感的客体，甚至对于他们必须用以达到愉快与防止痛苦的手段，都有彻底一致的想法：他们的**自爱原则**仍然完全**不**能冒充为**实践法则**；因为这种异口同声本身无非偶然而已。这种决定根据始终只是主观有效的，是单纯经验的，并且也不具有在每条法则中为人所想到的那种必然性，即没有来自先天根据的那种客观必然性；我们完全不能把这种必然性冒充为实

① 数学或自然科学中所谓的实践命题本来应该称作技术命题。因为这些学科完全无关乎意志决定；它们仅仅指示足以产生某种结果的可能行为的多样性，因而与表示因果联接的所有命题一样是理论的。谁既然喜欢结果，那么他也就必须容忍原因。

践的，而是把它当作仅仅是自然的，也就是说，行为是通过我们的禀好无可规避地强加给我们的，就如我们看到他人打哈欠时也不由自主地打哈欠一样。但是，与其把单纯的主观原则提升至实践法则之列，还不如我们就主张根本没有实践法则，而只有旨在于欲望的劝告，因为实践法则具有完全客观的而非单纯主观的必然性，并且必定是由理性先天地认识到，而非通过经验认识到的（不论这种经验在经验中是如何的普遍）。甚至相互一致的现象的规则之所以被称为自然法则（例如力学法则），也是因为我们或者实际上先天地认识到它们，或者认定（就如在化学法则那里）：倘若我们的洞见更深入一层，它们也会从客观根据上先天地被认识到。唯有在单纯主观的实践原则那里，明明白白地产生了如下一个条件：必定不是客观的而是主观的意愿条件构成了它们的基础；从而，它们始终只许被表象为单纯的准则，但决不允许被表象为实践的法则。最后这个阐释初看起来似乎只是咬文嚼字；然而它却定义了一个只有在实践研究中才会被考虑的极其重要的区别。

27 第四节　定理三

如果一个理性存在者应当将他的准则思想为普遍的实践法则，那么，他只能把这些准则思想为这样一种原则，它们不是依照质料而是依照形式包含着意志的决定根据。

实践原则的质料是意志的对象。这个对象或者是意志的决定根据，或者不是。如果它是意志的决定根据，那么意志的规则就会委质于经验的条件（起决定作用的表象与快乐和不快情感的关系），从而就不是一条实践法则。但是倘若我们抽去法则的全部质料，即意志的每一个对象（作为决定根据），那么其中就剩下普遍立法的单纯形式了。于是，一个理性存在者或者完全不能把他**主观**的一实践的原则，亦即准则同时思想为普遍法则，或者他就必须认定，它们据以**使自己适应普遍立法**的那个单纯形式，就可以使它们自为地成为实践法则。

注　释

准则之中的哪些形式适合于普遍立法，哪些不适合，这一点极其庸常的知性不经指教也能区别。譬如，我已经把采用一切可靠的手段来增加我的财富树立为准则。现在我手头有一笔存款，其所有者已经过世，没有留下有关此事的片言只语。这自然是我的准则之下的一个例子。现在我只想知道，那个准则是否也能够作为普遍实践法则而有效。因此，我把那个准则运用到当下的例子上，并且问道，它是否能够采取一个法则的形式，从而我是否能够用我的准则同时给出这样一条法则：每个人都可以否认一笔存款，只要无人能够证明他有此存款。我立刻发觉，这样一条原则作为法则将会自行消灭，因为它使得不再有人存款了。我为此而承认的实践法则必须具有普遍立法的资格；这是一个同一性命题，因而是自明的。倘使我现在说：我的意志从属于一条实践**法则**，那么我就不能引用我的禀好（譬如，在当下的例子中，我的贪婪）作为适合于普遍实践法则的意志的决定根据；因为这种禀好不但远远不足 28
以用作普遍法则，它在普遍法则的形式下反而必定会自行瓦解。

于是，因为追求幸福的欲望，以及每个人借以将此欲望作为自己意志的决定根据的那个准则，是普遍的，所以聪明人居然想起将

它们据此冒充为普遍的实践法则，便是令人奇怪的了。因为本来一条普遍的自然法则使一切都和谐一致，那么在这里当人们要把法则的普遍性给予这个准则时，结果恰恰是与一致性正好相反，恰恰是最严重的冲突，恰恰是准则自身及其意图的彻底瓦解。因为所有人的意志并不就有同一个对象，而是每个人都有他自己的对象（他个人的福利），后者与其他人同样追求的个人的目标虽然也能够偶尔符合，但是远不足以成为法则，因为人们有权时而做出的例外是无穷无尽的，并且是不能够确定地纳入一个普遍规则之中的。以这种方式达成的和谐，就有如一首讽刺诗中描述的那对决意自尽的夫妇的心心相印：哦！绝妙的和谐，男之所欲，亦女之所愿等等，或者仿佛人们所说的国王弗朗西斯一世对皇帝查理五世的发誓：我兄弟查理之所欲（米兰），亦我之所欲。经验的决定根据不适用于外在的普遍立法，但同样也不适用于内在的普遍立法；因为每个人都以自己的主体作为禀好的根据，但另外的人以另外的主体作为禀好的根据，而且即便在每一个主体自身，禀好的影响也是随时而异，互有消长的。要想发现一条将这些禀好一概统制在使它们普遍一致这种条件下的法则，是绝对不可能的。

第五节　任务一

设定唯有准则的单纯立法形式是意志充足的决定根据：试发现那只有通过它才能被决定的意志的性质。

因为法则的单纯形式只能由理性来表象，从而不是感性对象，因而也不从属于现象：那么，作为意志决定根据的这种形式的表象，就区别于在自然中依照因果性法则的事件的所有决定根据，因为在这些事件方面，这些起决定作用的根据自身就必定是现象。29
但是如果除了那个普遍的立法形式之外，并没有其他的意志决定根据能够用作这个意志的法则，那么这样一个意志必须被思想为在相互关系上完全独立于现象的自然法则，亦即因果性法则。但是这样一种独立性在最严格的意义上，亦即在先验的意义上称为**自由**。因此，一个只有准则的单纯立法形式能够用作其法则的意志，是自由意志。

第六节　任务二

设定一个意志是自由的：试发现唯一适宜于必然地决定它的那个法则。

因为实践法则的内容，亦即准则的客体，是决不能以经验之外的方式被给予的，但是自由意志必须既独立于经验的（即属于感性世界的）条件，又是可以决定的：因此，一个自由意志必须既独立于法则的质料，又在法则之中觅得其决定根据。但是在一条法则里面，除了法则的质料而外，无非就只包含着立法的形式。因此，这个立法形式，就其包含在准则之中而言，是唯一能够构成意志的决定根据的东西。

注　　释

由此可见，自由和无条件的实践法则乃是互相呼应的。现在我在这里并不问，它们在事实上是否也各不相同，更确切地说，也不问，一条无条件的法则是否只是纯粹实践理性的自我意识，而无条件的法则与肯定的自由概念是完全一样的；我只问，我们关于无条件的一实践的事情的认识从何**开始**，是从自由开始，抑或从实践法则开始？它不能从自由开始；因为我们既不能直接意识到自由，盖缘自由的最初概念是消极的，也不能从经验中推论出自由概念，因为经验只让我们认识到现象的法则，从而认识到自然的机械作用，自由的直接对立面。因此，正是我们(一旦我们为自己拟定了意志的准则，立刻就)直接意识到的**道德法则首先**展现在我们面
30 前，而且由于理性把它呈现为不让任何感性条件占上风的、确实完全独立于它们的决定根据，所以道德法则就径直导致自由概念。但是那个道德法则的意识又是如何可能的呢？我们之所以能够意识到纯粹实践法则，犹如我们能够意识到纯粹理论原理，乃是因为我们注意到理性借以给我们颁行纯粹实践法则的必然性，注意到如理性所指示我们的那样将所有经验条件都排除了出去。纯粹意志的概念从前者产生出来，就如纯粹知性的意识从后者产生出来一样。这就是我们概念的真正的从属关系，并且德性首先给我们揭示了自由概念，而**实践理性**以这个概念首次向思辨理性提出了最难解决的问题，因此使它陷入最大的困境：由此可见，因为在现象里面，任何东西都不能由自由概念来解释，而在这里自然的机械作用必须始终构成向导；此外，当纯粹理性想在原因的系列中上升到无条件的东西时，纯粹理性的二律背反在两方面都陷入无可理喻的地步；与此同时，后者(机械作用)至少在解释现象时有其适用性，所以倘使没有道德法则和与之偕行的实践理性出来，把这个自由概念强加给我们，就没有人敢于冒险将自由引入科学之中。但是，经验也证实了我们心中各种概念的秩序。假定有一个人，他伪称自己有淫欲的禀好，如果有可爱的对象和行淫的机会出现在他

面前，这种淫欲就是他完全不能克制的：如果在他遇到这种机会的那所房屋的门前竖起一座绞架，以作在他宣泄了淫欲之后将他吊在上面之用，这样他是否还不能抑制他的禀好？人们毋需费时猜测他将如何作答。但是，倘若问他说，如果他的君主以立刻将他处死相威胁，要他提出伪证以控告一位这个君主想以堂皇的口实处死的正人君子，那么在这种情形下他是否认为有可能克服他的贪生之念，而不论这个念头是多么强烈呢？或许他不敢肯定，他会这样做还是不会这样做；但是他必定毫不犹豫地承认，这对于他原是可能的。因此他就判定，他之所以能够做某事，乃是由于他意识到他应当做这事，并且在自身之中认识到自由，而如无道德法则自由原本是不会被他认识到的。

第七节　纯粹实践理性基本法则

这样行动：你意志的准则始终能够同时用作普遍立法的原则。

注　释 31

纯粹几何学有其作为实践命题的公设，但是这些公设所包含的无非是如下设定：人们**能够**做某事，如果某事已经被要求，人们**应当**做此事；这些就是仅有的关涉一个此在的命题。因此，它们也是在意志的或然条件下的实践规则。但是在这里这条规则说：人们应当绝对地以某种方式行事。因此这条实践规则是无条件的，从而是作为实践的定言命题被先天地表象出来的，借此意志绝对地和直接地（通过在这里也是法则的实践规则自身）、并且客观地被决定。因为**纯粹**而**自在地实践的理性**在这里是直接地立法的。

意志被思想为独立于经验条件，从而作为纯粹意志，由单纯的法则形式决定的，这个决定根据也被看作是一切准则的最高条件。这件事情是足够令人诧异的，并且在全部其余实践知识之中都没有与它相似的东西。因为关于可能的、却也单纯或然的普遍立法的先天思想，是作为法则无条件地颁布出来的，而不必从经验或任何外在的意志借来什么东西。但是这个法则不是这样一条规矩：行为应当依此发生，某种所欲求的结果因此成为可能（因为要是这样，这个规则就始终是以自然为条件的），而是就意志准则的形式先天地决定意志的一个规则，因此把一条只服务于原理的主观形式的法则通过一般法则的客观形式设想为一个决定根据，就至少不是不可能的了。我们可以把有关这种原理的意识称作理性的一个事实，因为我们并不能从理性先行的材料中，譬如从自由意识（因为这种意识不是预先被给予我们的）中，把它勾稽出来，而且还因为它作为一个先天综合命题把自己自为地强加给我们，而这个命题是既非建立在纯粹直观上面，亦非建立在经验直观上面的；是否如果我们设定意志自由，这个命题就同时是分析的？但是对此，自由作为一个肯定的概念，就需要一种理智的直观，而在这里我们完全不可以认定这种直观。然而，为避免将这个法则误解为被给予的起见，我们还必须注意：它不是任何经验的事实，而是纯粹理性的唯一事实；纯粹理性凭借这个事实宣布自己是源始地立法的（sic volo，sic iubeo[这是我的意志和命令，让我的意志为行为作保]）。

系　定　理

纯粹理性只是自为地实践的，并且给予（人）一条我们称为道

德法则的普遍法则。

注　释 32

前面所述的事实是无法否认的。我们只需解析一下人类对自己行为的合乎法则性所下的判断，便会发现，不论禀好在这其间说了些什么，而他们廉洁自守的理性，因为把自己看作是先天实践的，便始终把某一行为方面的意志准则置于纯粹意志，即它自己之前。现在，由于为了立法的普遍性，而后者不顾意志的各种主观差异而使这个德性原则成为意志最高的形式的决定根据，理性就宣称这个德性原则对于一切理性存在者乃是一个法则，只要理性存在者一般具有意志，亦即具有通过规则的表象来决定其因果性的能力，因而只要理性存在者有能力依照原理行动，从而也就是有能力依照先天的实践原则（因为只有它才具有理性所要求于原理的那种必然性）行动。因此，它并非仅限于人类，而且也扩展到一切具有理性和意志的有限存在者，它甚至将作为最高理智的无限存在者也包括进来了。但是在人类这里，这个法则具有一个命令的形式，因为我们虽然设定作为理性存在者的人类具有**纯粹**意志，但是我们无法设定作为受需要和感性动机刺激的存在者的人类具有**神圣**意志，亦即不可能有任何与道德法则相抵触的准则这样一种意志。因此，道德法则在人类这里就是一个命令，这个命令是用定言方式提出来，因为这条法则是无条件的；这样一个意志与这个法则的关系就是在义务名下的**依赖性**，这种依赖性就意味着对行为的一种**强制性**，尽管是凭借单纯理性和其客观法则的一种强制性，这种行为因此就称为**职责**，因为受本能刺激的（虽然它并不是受此

决定的，因而还是自由的）意愿，就身怀一个由**主观**原因发生并因而能够常常与纯粹客观的决定根据相抵触的愿望，这样就需要作为道德强制性的实践理性加以抵抗，而这种抵抗能够称为内在的却是理智的约束。在全足的理智存在者那里，意愿被正确地表象为不可能是一条同时并非客观法则的准则；出于这个缘故而赋予意愿的**神圣性概念**，纵然不使这种意愿超越一切实践法则，却也使它超越了一切起限制作用的实践法则，因而超越了义务和职责。意志的这种神圣性同时就是一个必定充任**榜样**的实践理念，无止境地趋近这个理念是一切有限的理性存在者唯一有权做的事情，并且这种神圣性也就把因此而称为神圣的纯粹道德法则持续而正确地置于他们眼前；有限的实践理性能够成就的极限，就是确信他
33 们的准则朝着这个法则的无穷前进，以及他们向着持续不断的进步的坚定不移：这就是德行；而德行自身，至少作为自然地获得的能力，是绝不能完成的，因为在这种情形下确信决不会成为必然的确实性，而它作为一种劝说则是十分危险的。

第八节　定理四

意志**自律**是一切道德法则以及合乎这些法则的职责的独一无二的原则；与此相反，意愿的一切**他律**非但没有建立任何职责，反而与职责的原则，与意志的德性，正相反对。德性的唯一原则就在于它对于法则的一切质料（亦即欲求的客体）的独立性，同时还在于通过一个准则必定具有的单纯的普遍立法形式来决定意愿。但是，**前一种独立性**是消极意义上的自由，而纯粹的并且本身实践的理性的**自己立法**，则是**积极**意义上的自由。道德法则无非表达了

纯粹实践理性的*自律*，亦即自由的*自律*，而这种自律本身就是一切准则的形式条件，唯有在这个条件下，一切准则才能与最高实践法则符合一致。因此，愿望的质料只能是与法则联结在一起的欲求的客体，它如果进入实践法则，**作为实践法则的可能性条件**，那么从中就产生出依从某种冲动或禀好的意愿的他律，亦即对自然法则的依赖，意志给予自己的就不是法则，而只是合理地依从种种本能法则的规矩；但是，准则在这种方式之下决不能在自身之中包含普遍的一立法的形式，它非但不能以这种方式引起义务，而且甚至与*纯粹*实践理性的原则，因而也与德性意向正相反对，即便发源于它的行为是合乎法则的。

注　释　一 34

因此，自身携有质料（因而经验的）条件的实践规矩就不得算在实践法则之列。因为确系自由的纯粹意志的法则将意志置于一个与经验畛域完全不同的畛域里面，并且它所表达的必然性因为不应当是自然的必然性，所以只能存在于一般法则可能性的形式条件之中。实践规则的一切质料始终依赖于主观条件，这些条件使理性存在者获得的不是普遍性，而仅仅是有条件的普遍性（就如在我*欲求*此事或彼事的情况下，为了实现它们，我必须随即做某种事情），并且它们一概都以*个人的幸福*原则为转移。现在人们自然无法否认，一切愿望必定有其对象，从而必定有其质料；但是这种质料并不因此就是准则的决定根据和条件；因为如果它是的话，那么这个准则就不是让自己表现在普遍立法的形式之中，因为关于对象现实存在的期望随即就会成为意愿的决定原因，因而欲求能力对于任何一种事物的现实存在的依赖性必定构成愿望的基础；而这种依赖性始终只能在经验条件中找到，因而决不可能充任一条必然和普遍的规则的基础。于是，外在存在者的幸福就可以是一个理性存在者的意志的客体。但是，倘若这种幸福是准则的决定根据，那么人们就必须设定：我们在他人的康宁之中不仅发现一种自然的愉快，而且还发现犹如同情心在人类那里所引起的那种需要。但是，我不能在每一个理性存在者那里都设定这种需要（在上帝那里是完全没有的）。于是，准则的质料虽然能够留存；但它必定不是准则的条件，因为否则这个准则就不可以用作法则。这样，对质料加以限制的法则的单纯形式，同时就是将质料补充给意志但并不以其为先决条件的根据。譬如，这个质料或许是我个人的幸福。如果我把它授予每个人（就如事实上我可以把它授予有限存在者一样），那么只有在我把别人的幸福也包括在它里面的时候，它才能成为**客观的**实践法则。于是，旨在促进他人幸福的法则并不是来自于它是每个人意愿的客体这个先决条件，而只是来自于如下事实：理性为了给予自爱的准则以法则的客观有效性所需要用作条件的普遍性形式，是意志的决定根据；于是，客体（他人的幸福）不是纯粹意志的决定根据，唯有单纯的法则形式才是纯粹意志的决定根据，通过这种法则形式我限制我建立在禀好之上的准则，以为它裁成法则的普遍性，并且使它因此适合于纯粹实践理性；正是出于这种限制，而不是出于附加一个外在的动力，将我的自爱的准则也扩展到他人的幸福上这个**义务**概念才能够产生出来。

注　释　二

如果使个人的幸福原则成为意志的决定根据，那么这正是德性原则的对立面；就如我们前面已经指明的那样，凡将应当充任法则的决定根据不是置于准则的立法形式里面，而是置于任何其他地方的做法，都必须归入其中。但是，这种矛盾不仅是逻辑的矛盾，就如那种以经验为条件的、人们却仍然想将其提升至必然的认识原则的种种规则之间的矛盾，而且也是实践的矛盾，并且倘使理性对于意志的呼声不是那么明白，那么激切，甚至最平庸的人都可以清楚听见，这种矛盾就会将德性完全毁灭了；但是一些学派胆敢对于这种上天呼声充耳不闻以维护其不费脑筋的理论，因此唯有在这些学派令人糊涂的思辨之中，这种矛盾才能维持下去。

如果一位你原本喜爱的熟友试图在你面前为自己所做的伪证辩护，他首先借口说，他认为个人幸福是个神圣的职责，随后历数他因此而获得的所有利益，数说他如何机智，以确保不让他人看破，甚至也不让你看破，他现在之所以向你透露秘密，只是为了他能够随时推翻这个伪证；但而后他以十分的诚意坦言，他已经履行了一个真正的人类职责：那么，你若不是当面嘲笑他，就是心怀厌恶颤抖而去，纵使同时如果某个人把他的原理仅仅对准自己的利益，你没有丝毫的理由反对这种行事规则。或者假定某个人向你们推荐一个人做管家说，你们可以把你们的所有事务一概托付给他；为了引起你们的信任，他夸他为人聪明，善于牟取他自己的个人利益，且也勤勉不息而从不放过于此有利的任何机会；最后，又为了免除你们对这个人鄙俗自私的顾虑，他夸他如何通晓风雅生

活，不以聚敛金钱或粗俗享受为乐，而以增广知识，与甄选过的士大夫交往为乐，甚至于以行善济贫为乐；但是此外，他于手段（手段的有价值或无价值当然只取决于目的）是没有顾忌的，别人的金钱
36 和财物对于他来说犹如他自己的一样，只要他知道，他能够隐秘而顺利地做到这一点。这位推荐人不是在戏弄你们，就是已经神志不清了。——德性与自爱的界限划分得如此清楚，如此分明，以致最平庸的眼光都完全不会分辨不清某种东西是属于这边还是属于那边的。对于这样一个昭然的真理，下面的一些评注可能显得是多余的，然而它们至少有助于为庸常的人类理性的判断求得某种更大的清晰性。

幸福的原则虽然能够提供准则，但是决不能提供可以用作意志的法则的那种准则，即使人们将普遍的幸福当作客体也罢。因为这种客体的知识单单依赖于经验的材料，盖缘关于这种客体的判断全然倚仗其本身因之而变化不定的各人意见，所以这种原则很可以给出**一般**的规则，但决不能给出**普遍**的规则，这就是说，它可以给出通常切合平均数的规则，但不能给出这样一种规则：它必须时时是必然有效的；因此凡是实践法则都不能建立在它上面。正是出于同样的理由，因为在这里意愿的客体必定构成意愿的规则的基础，意愿的客体必定先行于这个规则，这个规则所关联的无非就是人们所感觉的东西，因而也就只关联经验，并且建立在它们之上，于是，判断的歧异必定是无穷无尽的了。所以，这个原则并不给一切理性存在者颁行同样的实践规则，即使这些规则都归聚在一个共同的名称，即幸福的名称之下。但是，道德法则之所以被思想为客观必然的，乃是因为它对每一个具有理性和意志的人应

当都有效。

自爱的准则（明智）只行**劝告**；德性法则**颁布命令**。但是，在我们受**劝告**而行之事与我们有**义务**去行之事之间，确实有着很大的差别。

依照意志自律的原则该做何事，这对于极其庸常的知性也是毋需犹豫就一望而知的；在以意愿的他律为先决条件的情形下该做何事，这是难以把握的，就需要万事通晓；这就是说：什么是**职责**，每个人都不言而喻；但什么东西会带来真正经久的利益，并且尤其是它应该使人一生受用不尽，人们在此时就如堕五里雾中莫明其妙了，他们需要相当的精明，把与此相配合的规则适度损益，以适应人生目的。道德法则却要求每个人一丝不苟地遵守。因此，根据道德法则来判定什么是该行之事，必定没有多大困难，以致十分庸常未经练历的知性，甚至不必通达世故，也会胸有成竹。

德性的定言命令，每个人的能力在任何时候都足以承受，至于 37
以经验为条件的幸福规矩，则绝少如此，而如果仅就一个单一的意图而言，更远非是每个人力所能及的。原因在于，在前一种情形下，它只取决于必定是真正而纯粹的准则，但在后一种情形下，它还取决于实现一个欲求对象的力量和自然能力。每个人应当自求幸福这样一个命令是愚蠢的；因为人们从不命令每个人去做他已经不可避免地自动要做的事情。人们只须给他规定手段甚或提供手段，因为他并不是愿望什么就能做什么的。但在职责的名义下以德性命令人，则是完全合理的；因为首先道德规矩如果与禀好相冲突，则并非每个人都乐意服从它，其次，关于他如何能够遵守这条法则的手段，在这里是用不着教授的；因为在这样一种关系里

面，他愿望什么，他也就能做什么。

赌**输**了的人很可以对自己及其大意感到**恼怒**；但是他如果意识到曾在赌博中**做了手脚**（虽然因此赢了），那么一旦他用道德法则来衡量自己，他必定会**鄙视**自己。因此，这必定是某种不同于个人幸福原则的东西。因为他不得不对自己说：我是个**毫无配当的人**，尽管钱包累累；所以他现在所用的标准，必定就与他自诩我是**精明**之人，因为我已经发财致富时所用的标准，完全不同了。

最后，在我们实践理性的理念之中，尚有某种随同违反道德法则而来的东西，亦即违反法则的**配当惩罚**。享受幸福与惩罚概念本身实在是毫无干系的。因为施行惩罚的人虽然很可以同时心怀善良意图，而使惩罚指向这个目标，然而惩罚作为惩罚，亦即作为自己的单纯祸害，仍然首先必须是有根据的，这样，倘若事情到此为止，而受惩者也觉察不到隐藏在这种严厉之后的善意，他自己必须承认：他是罪有应得，他的遭受与他的行为恰好相符。在每一种惩罚里面，首先必须有正义，这种正义构成了惩罚概念的本质的东西。善意虽然也能够与惩罚结合在一起，但是受惩者因其行为绝无理由将它筹算在内。于是，惩罚是一种自然的祸害，它虽然不是作为自然后果而与道德上的恶结合在一起，却必定是作为依照道德立法原则的后果而与道德上的恶结合在一起。现在如果一切罪行，即便不计及对于犯罪人的自然后果，是单独地可以惩罚的，亦即损害了（至少部分）幸福，那么如果说罪行之所以成其为罪行，恰
38 恰在于他给自己招致惩罚，因为他妨害了他个人的幸福（依照自爱的原则，一切罪行的根本概念必定如此），就显然是荒唐的了。按照这种方式，惩罚就会成为称某事为罪行的根据，而正义之所以成

其为正义相反倒在于废除一切处罚，甚至于阻止自然的处罚；因为随后在行为之中不再有罪恶，盖缘于原本从中而来的祸害以及行为因之而被单单称为恶的祸害，从现在起就会受到遏制。但是此外，把一切惩罚和奖赏都仅仅看作一种无可抗拒的力量手中的机械作用，而这种机械作用应该借此而只用于促使理性存在者趋向他们的终极意图（幸福），就是把理性存在者的意志看作一种取消一切自由的机械作用，这一点是如此明显，我们无需在此赘言。

更加精致然而却同样虚妄的是那样一些人的托辞，他们假定某种特殊的道德感觉，这种道德感觉而非理性决定了道德法则，依照这种道德感觉，德行意识是直接与满足和愉快联接在一起的，罪恶意识是直接与心灵不安和痛苦联接在一起的，这样他们就把一切都置于追求个人幸福的欲望之上。在这里我不再申说上面已述之言，而只评论在这种情况下出现的一种假象。为了表象一个败德之人因意识到罪过而受心灵不安的折磨，他们就必须首先将此人品格的核心表象为是有几分道德上的善良的，正如他们必须预先将那些因意识到合乎职责的行为而觉得欢乐的人表象为已有德行一样。因此，道德性和职责的概念必须先行于有关这种满足的筹算，而决不能从这种满足中引申出来。人们必须事先估量我们所谓职责的重要性，道德法则的尊严，以及个人遵守道德法则时在他们自己眼里得出的直接的价值，以便在意识到他们与道德法则相契合时感到满足，并且在他们能够自责违反道德法则时感到痛苦的切责。因此，人们在认识这种义务之前不能感到满足或心灵不安，也不能使后者成为前者的基础。人们必须至少已经大体正直，才能够形成这些感受的表象。此外，一旦人类的意志因自由之

故能够直接由道德法则决定时，我根本不否定，比照这个决定根据的经常练习最终可以在主观上造成一种对自己满足的情感；相反，建立和培养这个从根本上唯一名实相符的道德情感，甚至属于职责；但是，职责概念不能从这种情感推导出来，否则我们必须思想
39 一种法则情感本身，并且使只能由理性来思想的东西成为感觉对象；这倘若还不成其为一个十足的矛盾，它也会完全取消了职责概念，而较为精致的、时而与粗俗的禀好相冲突的禀好的单纯机械作用就会取而代之。

如果我们现在比较纯粹实践理性（作为意志自律）的无上形式原理与迄今为止的一切质料的德性原则，那么我们就能够将所有其他的质料原则陈列在一个表中，这样，除了唯一的形式原理之外，其他所有可能的情形实际上就能同时展示无遗，我们因此能够一望而知地证明，在现在所提供的原则之外去寻找其他的原则，是徒劳无功的。——意志的一切可能的决定根据或者单纯是**主观的**，因而是经验的，或者是**客观的**和理性的；但两者既有**内在的**又有**外在的**。

40 **德性原则中实践的、质料的决定根据**

如下

主观的

外在的：	内在的：
教育（按照蒙田）	自然情感（按照伊壁鸠鲁）
公民宪法（按照曼德维尔）	道德情感（按照哈奇逊）

客观的

内在的：	外在的：
完满性（按照沃尔夫和斯多亚派）	上帝的意志（按照克鲁修斯和其他的神学道德家）

上边所列各种原则一概是经验的，显然不足以成为普遍的德 41
性原则。但是下边的各种原则建立在理性的基础之上(因为作为事物**性质**的完满性，以及被表象为**实体**之中的至上完满性，即上帝，这两者都只有通过理性概念才能思想)。然而，第一个概念，亦即**完满性**，既可以从**理论**意义上来领会，而这时它所指的无非是每一种事物在其样式方面的完整性(先验的)，或者一种事物单纯作为一般事物的完整性(形而上学的)；这里不能谈论这个问题。但是实践意义上的**完满性**概念，乃是一种事物趋于形形色色的目的的适宜性或充分性。这种完满性，作为人类的**性质**，从而作为内在的性质，无非就是**天赋**，而增强或补充这种天赋的东西就是**技巧**。**实体**之中的至上完满性，即上帝，从而作为外在的完满性(从实践意图来观察)，乃是这个存在者达到所有一般目的的充分性。这样，如果现在目的必须预先被给予我们，那么**完满性**(我们自身方面的内在完满性或上帝那里的外在完满性)概念唯有在与这些目的相关联时才能够成为意志的决定根据，但是一个目的，作为一个在实践规则决定意志之前出现并且包含这种决定的可能性根据的**客体**，从而作为被当作意志决定根据的意志**质料**，始终是经验的，因而能够用于**伊壁鸠鲁派**的幸福学说原则，但是决不能用于道德学说和职责的理性原则(就如天赋和对于天赋的培养之所以能够成为意志的动机，只是因为它们有助于生活的利益，或者就如上帝的意志，如果人们把与它契合一致，而不是把先行的、独立于上帝理念的实践原则当作意志的客体，只有通过我们期望于它的**幸福**才能成为意志的动机)。于是这就得出如下结论：**第一**，这里列举的一切原则都是**质料的**；**第二**，它们囊括了一切可能的质料原则，

最后，由此得出一个结论：因为质料原则完全不能用作最高的道德法则（就如已经证明的那样），所以纯粹理性的**形式的、实践的原则**是适宜用作定言命令，亦即实践法则（它使行为成为职责）的**唯一可能的**原则，并且一般而言，是无论在从事判断时，还是在运用于人类意志以便决定它时，适宜用作德性原则的**唯一可能的**原则；依照这个纯粹理性的形式、实践的原则，那通过我们的准则而可能的普遍立法的单纯形式必定构成意志无上的和直接的决定根据。

42

一　纯粹实践理性原理演绎

这部分析论阐明：纯粹理性是实践的，也就是说，它能够不依赖于任何经验的东西自为地决定意志，——而且它通过一个事实做到这一点，在这个事实之中我们的纯粹理性证明自己实际上是实践的；这个事实就是理性借以决定意志去践行的德性原理之中的自律。——它同时指明：这个事实与意志自由的意识不可分割地联系在一起的，甚至与它是二而一的；由此之故，理性存在者的意志，由于属于感觉世界，认识到自己如同其他起作用的原因一样必然从属于因果性的法则，然而同时在自己的另一方面，在实践事务之中，也就是作为存在者本身，它意识到它是一个能够在事物的理智秩序中被决定的此在，虽然这不是缘于有关他自己的一种特殊的直观，而是缘于某种能够决定它在感觉世界中的因果性的动力学法则；因为在别处已经充分证明：自由，倘若它被授予我们的话，就使我们厕身于事物的一种理智秩序之列。

如果我们现在将这部分析论与纯粹思辨理性批判的分析论部分比较一下，那么两者之间一个引人注目的对比就会显示出来。

在后者那里，最初的材料不是原理，而是纯粹的感性**直观**（空间与时间），后者使知识先天地可能，虽然这种知识只限于感觉对象。出于单纯概念而无直观的综合原理是不可能的，相反，综合原理只有在与乃系感性的直观相关联时，从而只有在与可能经验的对象相关联时才能发生，因为唯有与这种直观相联结的知性概念才使我们称之为经验的那种知识成为可能。——逾越经验对象，因而就作为本体的事物而言，思辨理性就完全正当地被剥夺了**知识**的一切肯定的因素。——然而，理性也做出了如下成就：它稳固地建立了本体概念，亦即稳固地建立了思维本体概念的可能性，乃至必然性，譬如，它不顾一切非难，使从消极方面来观察的自由之认定 43
保存下来，而与纯粹理论理性的那些原理和限制完全相容；不过，关于这些对象它并不给出任何规定了的东西或拓展了的东西以供认识，因为它反而完全断绝了往那里去的展望。

在另一方面，道德法则虽然不提供任何**展望**，却提供了一个绝对无法从感觉世界的任何材料和我们理论理性应用的整个范围来解释的事实，这个事实指示了纯粹知性的世界，乃至**肯定地决定**了这个世界，并且让我们认识它的某种东西，亦即法则。

这个法则应当给作为**感性自然**（关涉理性存在者的东西）的感觉世界谋得知性世界的形式，即**超感性自然**的形式，而并不中断前者的机械作用。自然从最一般意义上来理解就是事物在法则之下的实存。一般理性存在者的感性自然就是在以经验为条件的法则之下的实存，因而这种感性自然对于理性而言便是**他律**。在另一方面，同一存在者的超感性自然是指他们依照独立于一切经验条件因而属于纯粹理性的**自律**的法则的实存。因为一种法则，若事物的此在依赖于以它为根据的认识，就是实践的，所以超感性的自然，在我们能够给自己造成这个概念的范围内，无非就是**受纯粹实践理性的自律所支配的一种自然**。但是这个自律法则就是道德法则，因而也就是一个超感性自然和一个纯粹知性世界的基本法则，这个世界的复本应当存在于感觉世界之中，但同时并不中断这个世界的法则。我们可以称前者为**原型**世界（natura archetypa），这个世界我们只能在理性之中加以认识，但是，后者因为包含作为意志决定根据的第一个世界的理念的可能结果，我们称之为摹本世界（natura ectypa）。因为实际上道德法则依照理念把我们移置在这样一个自然之中，在那里，纯粹理性如果具备与它相切合的自然能力，就会造就至善；这个道德法则并且决定我们的意志去授予感觉世界以作为理性存在者的整体的形式。

人对自己稍加注意，就会证实这个理念犹如范本现实地树立了意志决定的一个模范。

44 当实践理性检验我打算据以作见证的那个准则时，我总要审视，如果它被算作一条普遍的自然法则，它会怎么样。显然，在这样一种方式之下，它会强使每个人说真话。因为既承认证词有证明力量，又听任故意作伪，自然法则的普遍性就无法自持了。同样，至于我在自由处理我的生命时所采取的准则，只要我自问：这个准则必须如何，一个自然才能依照这样一条法则维持下去，它也就立刻被决定了。显然，在那样一个自然里面，没有人会**任意**结束自己的生命，因为这样一种体制决不会是经久的自然秩序；至于其他一切，情形也是如此。但是，在实在的自然之中，在它是一个经验对象的范围内，自由意志并不出于自身被决定去遵循这样一些准则：后者能够自为地建立一个依照普遍法则的自然，或者自动地适合于依照这些法则安排成的那样一个自然；相反，它是私人的禀好，这些禀好虽然构成一个依照本能的(自然的)法则的自然整体，但是并不构成一个单单通过我们依照纯粹实践法则的意志而可能的自然。尽管如此，我们却通过理性意识到我们的一切准则都服从的一条法则，仿佛通过我们的意志一个自然秩序必定同时产生出来一样。于是，这条法则必定是一个非由经验给予而因自由可能的、因而乃超感性的自然的理念，我们至少在实践的范围内给予这个自然以客观实在性，因为我们把它看成作为纯粹的理性存在者的我们意志的客体。

因此，**意志所委质**的那个自然的法则与委质于**意志**(就意志对其自由行为所具有的关联而言)的那个**自然**的法则之间的区别依赖如下一点：在前一种情形下，客体必定是决定意志的那些表象的原因，但在后一种情形下，意志应当是客体的原因：这样，客体的因果性将其决定根据单单放置在纯粹的理性能力之中，这种能力因而也就能够叫做纯粹实践理性。

于是，有两个极为不同的任务：**一方面**，纯粹理性如何能够先天地认识客体，**另一方面**，它如何能够直接(单纯通过思想他们自己的作为法则的准则的普遍有效性)就是意志的决定根据，亦即理 45
性存在者在实现客体方面的那种因果性的决定根据。

第一个任务属于纯粹思辨理性批判，它首先要求解释：直观是如何先天地可能的？因为没有直观客体根本就无法被给予，因而也就没有什么东西能够以综合的方式被认识到；这个任务的解决就在于：直观一概都是感性的，因而逾越可能经验之外的任何思辨知识都是不可能的，并且那个纯粹思辨理性的一切原理所能成就的因而无非就是使经验成为可能，而不论它是被给予的对象的经验，还是那些无止境地被给予但决不完整地被给予的对象的经验。

第二个任务属于实践理性批判，它不要求解释欲求能力的客体是如何可能的，因为这作为理论自然知识的任务留给了思辨的理性批判，它只是要求解释理性如何能够决定意志的准则：无论这是借助作为决定根据的经验表象发生的，还是纯粹理性就是实践的，是一个决不能以经验的方式认识的、可能的自然秩序的法则。这样一个超感性的自然概念同时就可能是这个自然通过人类自由意志而实现的根据，它的可能性并不需要任何（对于一个理智世界的）先天直观，而这种直观作为超感性的东西，即使在这种情形下对于我们来说也必定是不可能的。因为这里只涉及到愿望准则之中愿望的决定根据：这个根据是经验的，还是一个纯粹理性的概念（即一般准则的合法则性的概念）；并且它是如何能够成为理性概念的。意志的因果性是否足以实现客体，这作为有关愿望客体的可能性的研究，就留待理性的理论原则来判断了，而这些客体的直观在实践的任务中也完全不构成其契机。这里的关键只在于意志的决定和作为自由意志之意志的准则的决定根据，而不在于后果。
46 因为**意志只要**对于纯粹理性而言是合乎法则的，那么意志践行的能力究竟如何，就一任其便宜行事；也不论这样一个现实的自然是否依照一个可能的自然的这些立法准则从中产生出来：对于这些，这部批判全不关心，因为它只研究纯粹理性是否以及如何能够是实践的，也就是说，它是如何能够直接决定意志的。

因此，在这个事务里，这部批判能够不受责难地从纯粹实践法

则及其现实性开始，并且必须从此开始。但是，这个批判不是以直观，而是以这些法则在理智世界之中的此在概念，亦即自由概念，构成这些法则的基础。因为这个概念并没有别的意指，并且这些法则唯有在与意志自由的关联之中才是可能的，但在设定自由之后就是必然的，或者反过来说：自由之所以是必然的，乃是因为这些法则作为实践的公设是必然的。至于道德法则的这个意识，或者与之二而一的自由意识，是如何可能的，无法有其进一步的解释，然而，它们的可容许性在理论批判里面已经得到了相当充分的辩护。

实践理性的无上原理现在已经得到**阐明**，也就是说，这里已经指明，第一，它包含什么东西，以及它完全先天地和独立于经验原则而自为存在；其次，它在哪一点上与其他一切实践原理区别开来。至于这个原理客观的和普遍的有效性的**演绎**或正当性证明，以及洞察这样一个先天综合命题的可能性，人们不可以希望像处理纯粹理论知性原理那样进展顺利。因为纯粹知性原理与可能的经验对象相关联，即与现象相关联；而且我们能够证明，这些现象是依照那些法则而被置于范畴之下的，只有这样，它们才能作为经验的对象被**认识**，因而一切可能的经验必须符合这些法则。但是事关道德法则演绎，我便不能采取这样一个进程。因为这种演绎并不关涉那些可能从别处给予理性的那些对象的性质的知识，而是关涉这样一种认识，这种认识能够自己成为对象实存的根据，通过这种认识理性在理性存在者之中具有因果性；也就是说，它关涉纯粹理性，这个理性能够被看作一个可以直接决定意志的能力。

但是，一旦我们达到基本的力量或者基本的能力，人类的一切 47

洞见就到了尽头；因为它们的可能性是无法把握的，但也同样是不能随意捏造或认定的。因此，在理性的理论运用之中，唯有经验能够向我们证明：认定它们是正确的。但是，就纯粹实践理性的能力而言，用经验的证明来代替出自于先天知识源泉的演绎，是不许可的。因为凡需要从经验那里取得其现实性的证明根据的东西，必须依赖于经验原则以作为其可能性的根据，但是，纯粹的也是实践的理性因其概念不能被认为是这样的。再者，道德法则仿佛是作为一个我们先天地意识到而又必定确实的纯粹理性的事实被给予的，即便我们承认，人们不能够在经验中找到任何完全遵守道德法则的实例。于是，道德法则的客观实在性就不能通过任何演绎，任何理论的、思辨的或以经验为支撑的理性努力得到证明，而且即使有人想根除它的必然的确实性，也不能通过经验加以证实，因而不能后天地加以证明，而且它自身仍然是自为地确定不移的。

道德原则的演绎虽然求之不得，代之而起的却是另外一种反常情形：它反而充任了演绎一个莫测究竟的能力的原则，没有什么经验可以证明这个能力，但是思辨理性必须设定它至少是可能的（为了在它各种宇宙论的理念里面为它的因果性找到一个无条件者，它因此不至于自相矛盾）：这个能力就是自由能力；本身无需任何正当性证明根据的道德法则不但证明了自由的可能性，而且证明了它在那些承认这条法则对自己有强制作用的存在者身上具有现实性。道德法则事实上就是出于自由的因果性法则，因而也就是一个超感性自然的可能性的法则，一如感觉世界之中种种事件的形而上学法则就是感性自然的因果性法则；于是，道德法则就决定了思辨哲学必须留而不决的东西，也就是说，决定了用于某种在思辨哲学那里只有其否定性概念的因果性的法则，并因而也第一次给这个概念谋得了客观实在性。

道德法则既然被树立为自由演绎的原则，亦即演绎纯粹理性 48
的因果性的原则，那么道德法则的这种信任状就可以充分代替一切先天的正当性证明，以补充理论理性的一种需求，因为理论理性原来不得不至少**认定**自由的可能性。因为通过如下一个事实，道德法则甚至相对于思辨理性批判也充分证明了自身的实在性：它给原先仅仅被否定地思维的、思辨理性批判无法把握其可能性然而却不得不认定它的那个因果性增加了肯定的规定，亦即能够（通过意志准则的普遍立法形式这个条件）直接决定意志的一个理性概念；这样，在其从事思辨时始终与其理念一起成为逾界的理性，能够首次领受了客观的、虽然仅仅实践的实在性，并且理性的**超验的**应用就能够转变为一种**内在的**应用（即理性通过理念自身成为在经验领域中起作用的原因）。

在感觉世界本身之中，存在者的因果性的决定决不是无条件的，然而对于一切条件的系列必然都有一个无条件者，因而必然也有一个完全自己决定自己的因果性。因此，自由的理念作为绝对的自发性，不是一个需要，而**就其可能性所关涉的东西来说**，原是纯粹思辨理性的一个分析原理。然而，在任何经验里面都绝对不可能给出一个合乎这个理念的例子，因为在作为现象的事物的各种原因里面，并不能见及任何绝对无条件的因果性决定，既然如此，当我们把关于自由行为的原因的这个思想运用于感性世界的存在者，而后者另一方面又被看作本体时，我们就能够对这个思想加以**辩护**，因为我们已经阐明：在存在者的行为乃是现象的范围

内，将他的一切行为看作以自然为条件的，同时在行为的存在者乃是知性存在者的范围内，将行为的因果性看作是不以自然为条件的，从而使自由概念成为理性的规范原则，这并不自相矛盾；虽然由此我确实不认识被赋予这种因果性的对象是一个什么东西，但是却排除了一个障碍，因为一方面在解释世界事件时，从而也在解
49 释理性存在者的行为时，我让自然必然性的机械作用具有无止境地从有条件者回溯到条件的权利，另一方面，我让思辨理性敞开一个对它而言乃空虚的位置，即理智世界，以便把无条件者移置在其中。但是，我不能令这种**思想实在化**，也就是说，不能把这种思想转变为对于如此行事的存在者的**认识**，即便仅仅认识其可能性。现在纯粹实践理性用理智世界中一个确定的因果性法则（通过自由），即道德法则，填满了这个虚位。思辨理性在洞察力上面虽然并不因此而有所增长，但是在它那个有疑问的自由概念的**确实性**上面确有增长，这个概念在这里获得了**客观的**并且虽然仅仅实践的、然而却无可怀疑的**实在性**。这种客观实在性甚至也没有拓展因果性概念，以致把它的应用扩张到所想到的那些界限之外，而因果性概念的运用，从而因果性概念的意义原来只在与现象的关联之中发生，以把现象连接为经验（就如《纯粹理性批判》所证明的那样）。因为思辨理性如果这样逾越经验，它就应该指明，根据和后果的逻辑关系如何能够以综合的方式应用到与感性直观不同的另外一种直观上去，亦即本体的原因（causa noumenon）是如何可能的。理性根本不能成就此事，但它作为实践理性也根本不顾及此事，因为它只把作为感觉存在者的人类的因果性的**决定根据**（这是被给予的）放置在**纯粹理性之中**（它因此才称作是实践的）；于是，

它运用原因概念本身，不是为了认识对象，而是着眼于一般对象而决定因果性；它在这里能够完全撇开这个概念为了理论认识的意图而在客体上的运用（因为这个概念始终是先天地在知性里面、也独立于直观被发现的）；这样，理性不是为了别的意图，只是为了实践的意图应用这个概念，并且因而能够把意志的决定根据安置在事物的理智秩序里面，因为它同时乐意承认，它根本不理解，原因概念对于认识这种事物有什么样的决定作用。但是，它当然必须以某种方式认识就感觉世界中的意志行为而言的因果性，因为否则实践理性就不能现实地产生任何行为。但是，它无需以理论的方式去决定那个它用它自己的作为本体的因果性制造的概念，以 50
达到认识它的超感性的实存的意图，从而能够在这个范围内给予它某种意义。因为这个概念不以这种方式，而是通过道德法则获得了意义，虽然只是为了实践的应用。不过，从理论上来考察，它始终是一个纯粹的、先天地被给予的知性概念，它能够运用于对象之上，而不论这些对象是以感性的方式或不是以感性的方式被给予的；虽然在后一种情形下，它没有任何确定的理论意义和运用，而只是知性有关某种一般客体的一种形式的、却仍然本质的思想。理性通过道德法则为这个概念谋得的意义仅仅是实践的，因为（意志的）因果性法则的理念本身就有因果性，或者是这种因果性的决定根据。

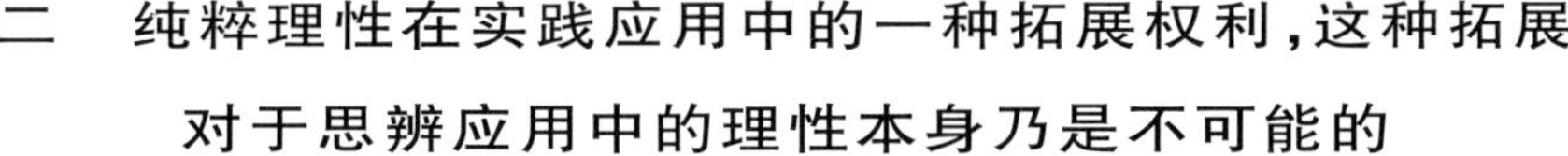

二　纯粹理性在实践应用中的一种拓展权利，这种拓展对于思辨应用中的理性本身乃是不可能的

我们已经在道德原则上树立起一条因果性的法则，这条法则

又把这个因果性的决定根据放置在超出感觉世界的一切条件以外的地方；我们也已经思考了，意志就其属于理智世界而言是如何可以被决定的，从而我们不仅把意志的主体（人类）推想为属于纯粹知性世界的，虽然在这样一种关联中它是不为我们所认识的（一如依照纯粹思辨理性批判所能发生的那样），而且还在因果性方面凭借一条完全不能算在感觉世界的自然法则之列的法则决定了它，于是就把我们的认识拓展到感觉世界的界限之外，尽管纯粹理性批判宣布这种非分要求在一切思辨之中都是毫无意义的。现在在这里，纯粹理性能力的界限是如何确定而使纯粹理性的实践应用与其理论应用相符合的呢？

我们可以说，大卫·休谟才真正肇始了对纯粹理性权限的全面驳斥，这些驳斥使得彻底研究纯粹理性成为必然。休谟得出如
51 下结论：原因概念乃是这样一个概念，它包含着不同的实存之间连接的必然性，并且只要事物是不同的，那么如果设定了 A，我就认识到，某种与它完全不同的东西 B 也必定存在。但是，一种连接只有在被先天地认识到的范围内，才能被赋予必然性；因为关于联结的经验只能使人认识到，有一种联结存在，但不能使人认识到，这种联结以必然如此的方式存在。现在他说，一个事物与另一个事物（或者一种属性与另一种与它完全不同的属性）之间的联结如果没有在知觉中被给予，要将它先天地并且作为必然的加以认识，是不可能的。因此，原因概念本身是虚构的和欺人的，即便最温和地说，也只是一个可以宽宥的幻觉，因为依照某种事物或者其属性常常同时或者先后的实存就将它们知觉为伴随关联的这种习惯（一种主观必然性），被不知不觉地当作一种将这样的连接置于对

象本身之中的客**观必**然性；并且原因的概念是偷取的，而不是合法地获得的，其实它也是决不可能获得或得到认证的，因为它要求一种本身毫无意义的、空想的、在理性面前站不住脚的连接，任何时候都没有客体能够符合这种连接。——这样，现在首先就一切关涉事物实存的知识（所以数学除外）而言，**经验主义**作为种种原则的唯一源泉被引了进来，与之偕来的是针对整个自然科学（作为哲学）的最为严峻的**怀疑主义**。因为我们决不可能依照这种原理从实存的事物所与的属性**推论**出一个结论来（盖缘为此就需要一个包含这样一种连接的必然性的原因概念），而是只能够依照想象力的规则期待与往常相似的情形；但是，这种期待不论是如何经常地应验，决不是确实无疑的。诚然，对于任何事件人们都不能够说，某种东西**必定**先行于它，它**必然**随这种东西而来，亦即它必定有一个**原因**，并且即使人们还认识到有某种东西先行的事例是相当常见的事例，以致能够从中抽出一个规则来，人们也并不能因此认定：它永远和必然以这种方式发生；这样，人们就必须给盲目的机会保留权利，而一切理性的应用就此中止了；于是，这种权利就使 52
怀疑主义相对于由结果上升至原因的推论牢固地建立起来，使之颠扑不破。

到此为止，数学未受波及，因为休谟认为，数学命题都是分析的，也就是说，它依照同一性，从而依照矛盾律从一个规定进展到另一个规定（但这是错误的，因为数学命题反而全是综合的，而且譬如说，几何学虽然无关乎事物的实存，而关涉可能直观之中的事物的先天规定，却仍然犹如通过因果概念那样从规定 A 进到另一个完全不同然而依旧与之必然连接的规定，B）。但是，这门因其

确然的可靠性而大受称道的科学，最终在**原理**方面也必定败于**经验主义**手下，其缘由在于**休谟**用习惯代替原因概念的客观必然性，并且即使它自命不凡，也得降格以求，抑制它那勇敢的、要求先天规定的冀图，并且期待观察者出于好意而同意其命题普遍性，这些观察者作为证人确实不会不承认，几何学作为原理提出来的东西，任何时候都是他们所知觉到的东西，因而虽然它们并不同时就是必然的，他们却仍然相信可以期待它们将来会是必然的。**休谟**以这种方式，甚至相对于数学而言，从而在理性的所有理论**科学**的应用方面（因为这种应用或者属于数学，或者属于哲学），必不可免地将原理方面的经验主义导至怀疑主义。（在人们经历认识的主要部分这样可怕的覆灭之时）普通的理性应用是否能够较好地渡过此关，是否相反必定更其无可避免地陷入一切认识的同样毁灭之中，从而**普遍的**怀疑主义是否必定随着同样的原理而来（但是，这种怀疑主义当然仅仅与学者有关），这一点我将留待各人自行判断了。

至于我在《纯粹理性批判》之中所做的工作，虽然是由休谟的
53 怀疑学说所引起的，却远远超出了这一点，而研究纯粹理论理性的综合应用的整个领域，从而也研究人们一般称作形而上学的东西：对于这位苏格兰哲学家有关因果性概念的怀疑，我以如下的方式予以措置。如果**休谟**（就如几乎随处可见的那样）把经验的对象当作**物自身**，宣布原因概念是迷惑人的，是错误的幻象，那么于此他完全做对了；因为人们从物自身及其规定本身并不能洞察到，为什么某物 A 一被假定，另一物 B 必然也被假定了，所以他也就完全不能承认关于物自身的这样一种先天的认识。这位头脑敏锐的人

物更不能允许这个概念有一种经验的源泉，因为这种源泉恰恰与连接的必然性相矛盾，而必然性构成了因果性概念的本质的东西；于是，这个概念受到了提防，取而代之的是观察知觉过程中的习惯。

但是，我研究的结果表明：我们必须在经验中处理的对象绝非物自身，而仅仅是现象；并且虽然对于物自身，人们完全不了解，确实也无法明白，为什么当 A 被假定之后，不假定与 A 完全不同的 B（作为原因的 A 与作为结果的 B 之间连接的必然性），就会产生**矛盾**。然而人们很可以思想：它们作为**经验**之中的现象必然以某种方式（譬如在时间关系中）连接起来，不能够分离，否则就会与这个经验所借以可能的那种联结相矛盾，而它们在这种经验里才是对象，才能被认识。这是一个事实，所以我不仅能够着眼于经验对象证明原因概念的客观实在性，而且还因它自身所具备的连接的必然性将它**演绎**为一个先天的概念，亦即毋需经验的根源而从纯粹知性阐明其可能性；这样，在排除了这个概念的经验主义根源之后，我便能够首先在自然科学方面，随后因为由同样的根据所产生的完全同样的后果，因而也在数学方面，连根铲除经验主义不可避免的后果，即怀疑主义，而这两种科学都与可能经验的对象相关联；由此之故，我能够连根铲除对于理论理性声明要洞察的一切事 54
情的彻底怀疑。

但是，倘若因果性范畴（并且因此还有所有其他范畴，因为没有这些范畴，关于实存的东西的任何认识都不能实现）运用到并非可能经验的对象、而且在经验界限以外托身的事物之上，情况会怎么样呢？因为我能够仅仅相对于**可能经验的对象**演绎了这些范畴

的客观实在性。但是，我也唯有在这种情况下才挽救了它们，并且我已经表明，人们借此确实可以**思想**客体，虽然不能先天地决定这些客体：这是一个事实，正是这个事实才在纯粹知性之中给予它们一个位置，从这个位置上它们与一般客体（感性的或非感性的）发生关联。如果尚缺乏某种东西的话，那就是这些范畴，尤其是因果性范畴**运用**于对象之上的条件，亦即直观；在直观没有被给予的情形下，这个条件就使以**从理论上认识**作为本体的对象**为宗旨**的这种运用，没有可能，而即便某个人如果敢于尝试，这种认识也是完全受到禁止的（犹如纯粹理性批判里面所发生的那样）；与此同时，这个概念的客观实在性始终保持不变，甚至能够应用于本体，但丝毫不能以理论的方式决定这个概念，并借此产生认识。因为这个概念即使在与一个客体的关联之中，也并不包含任何不可能的东西，这已通过如下一点得到阐明：尽管在运用于感觉对象的所有情形中，它在纯粹知性中的位置是确实无疑的，并且如果当它随后与物自身（它们不能是经验的对象）相关联时，它无法得到任何规定而可以为了理论认识的目的去表象**一个已规定的对象**，那么为了任何一种其他的（或许实践的）目的它始终还是能够得到这样一种运用的规定的；如果依照**休谟**的观点，因果性概念包含着某种根本不可能予以思想的东西，情况就不会是这样的了。

现在为了找到前述概念运用于本体的条件，我们只需回想一下，**为何我们不满足于这个概念在经验对象上的运用**，而也很想把它应用于物自身。于是，这立刻就表明，不是一个理论的目的，而
55 是一个实践的目的，必然使我们感到不满足。在思辨方面，我们即使取得这种应用的成功，在自然知识方面，以及一般地就能够被给

予我们的任何对象而言，我们仍然都不会有任何真正的收获，而是在万不得已时会从以感性为条件的东西（留守在这里并且勤勉地寻绎原因系列，我们已有足够的事情要做）向超感性的东西迈出悠远的一步，以完成我们对于根据层面的认识，并且圈定其界限；然而在那些界限和我们所认识的东西之间，始终有一条填不满的无底鸿沟，并且我们原来与其说听从了有根据的求知欲，还不如说听从了虚荣的好奇心。

但是，知性除了与（理论认识中的）种种对象的关系之外，它还有一种与欲求能力的关系，欲求能力因此称作意志，并且在纯粹知性（它在这种情形下称作理性）通过一条法则的单纯表象是实践的范围内，这个能力称作纯粹意志。纯粹意志或者与之二而一的纯粹实践理性的客观实在性，仿佛是通过一个事实在一条先天的道德法则之中被给予的；因为我们能够把后者命名为一个不可避免的意志决定，即使它不依赖经验原则。但是，在意志的概念之中已经包含了因果性概念，从而在纯粹意志的概念中就包含了具备自由的因果性概念，也就是说，这种因果性不能是为自然法则所决定的，从而任何经验直观都是不能够作为其实在性的证明的，但是在纯粹理性的先天法则之中，它的客观实在性的正当性仍然得到了完满的证明，然而（很容易明白）这不是为了理性的理论应用，而是为理性的实践应用。现在具有自由意志的存在者的概念是个本体原因（causa noumenon）的概念；并且这个概念并不自相矛盾，对此人们已经通过如下一点获得确信：原因概念由于整个地发源于纯粹知性，同时它相对于一般对象的客观实在性已经由演绎加以保证，此外究其根源它也独立于一切感性条件，于是原本并不局囿于

现象（除非它将被施于确定的理论应用），当然就能够运用于作为纯粹知性存在者的事物。但是因为没有任何直观能够构成这种运用的基础，盖缘直观始终只能是感性的，所以本体原因（causa noumenon）相对于理性的理论应用虽然是一个可能的和可以思想的概念，却仍然是一个空虚的概念。但是现在，在存在者具有纯粹
56 的概念，却仍然是一个空虚的概念。但是现在，在存在者具有纯粹意志的范围内，我并不要求借此从理论上认识存在者的性质；对我来说，借此标明它是这样一种存在者，从而仅仅将因果性概念与自由概念（并且与那个同自由须臾不可分离的东西，即与作为其决定根据的道德法则）联结起来，那就足够了；盖缘原因概念的纯粹而非经验的根源，我当然就拥有这种权利，因为除了在与决定这个概念的实在性的道德法则的关联之中，我无权以此做别的应用，那就是说，我只有权做一种实践的应用。

倘若我与休谟一样不仅相对于事情自身（超感性的东西）而言，而且也相对于感觉对象而言，剥夺因果性概念在理论应用中的客观实在性，那么这个概念就会失去所有意义，并且作为一个理论上不可能的概念被宣布为完全没有用处的；并且既然从无之中不能造出任何应用来，那么一个理论上无效的概念的实践应用便是完全荒谬的。但是现在一个不以经验为条件的因果性概念虽然在理论上是空洞的（没有与自身相适应的直观），但永远是可能的，并且与一个不确定的客体相关联，但它并非在这个客体上面，而是在道德法则上面，从而在实践的关联中被赋予了一种意义；于是，我虽然没有决定其理论的客观实在性的直观，但是尽管如此它仍然具有现实的运用，这种运用具体地表现在种种意向和准则之中，也就是说，它具有能够指明的实践的实在性；上述种种，即便相对于

本体而言，都是足以为它辩护的。

但是，这个超感性领域之上的知性概念的客观实在性，一经引进，从此就给予其他一切范畴，虽然始终仅仅在它们与纯粹意志的决定根据（道德法则）处于**必然**联结的范围之内，以一种客观的，却无非用于实践的实在性，不过，它丝毫不影响有关这种对象的理论认识，亦即通过纯粹理性洞见到对象的本性，以便拓展这些知识。于是，一如我们随后就要见到的那样，这些范畴永远只与作为**理智存在者**的存在者相关联，而在这些存在者那里也只与**理性**对于**意志**的关系相关联，并且永远只与**实践的东西**相关联，而且逾越这个 57
范围就不再非分要求关于这些理智存在者的任何认识了。但是，至于那些被牵扯进与这些范畴的联结之中的东西，而其原本属于这些超感性的东西的理论表象方式的特性，一概不算在知识之列，而只算作认定并设定这些超感性的东西的权利（但就实践的目的而言完全算作必然性）；甚至在我们依照类比推理，亦即依照我们相对于感性的东西而加以实践应用的纯粹理性的关系，认定有超感性存在者（作为上帝）的情况下，也是如此；这样，我们丝毫不鼓励纯粹理论理性经由这种在超感性事物之上但仅仅出于实践意图的运用，沉溺于逾界的东西。

第二章　纯粹实践理性对象概念

所谓实践理性的对象概念，我理解为一种作为通过自由而可能的结果的客体之表象。于是成为实践认识的这样一种对象，也只意指意志对于行为的关联，通过这个关联对象或其对立面得以

现实地造成，并且判断某种东西是否**纯粹**实践理性的对象，也仅仅是区分我们愿望如下一种行为的可能性或不可能性：倘若我们具备相关的能力（这必须由经验来判断），通过这种行为一个客体就会成为现实。如果客体被取作我们欲求能力的决定根据，那么在判断这个客体是否实践理性的一个对象之前，这个客体通过我们自由应用我们的力量而具有的**自然的可能性**，必须先行具备。反之，如果先天的法则能够被看作行为的决定根据，从而这个行为也被看作是由纯粹实践理性决定的，那么判断某种东西是否纯粹实
58 践理性的对象，就完全不必比较我们的自然能力，而问题也就是：在我们力所能及的范围内，我们是否可以愿望一种指向某个客体的实存的行为；因而，行为的**道德可能性**必须先行；因为在这种情况下，不是对象，而是意志的法则才是行为的决定根据。

于是，实践理性唯一的客体就是**善**和**恶**的客体。人们把前者理解为欲求能力的必然对象，把后者理解为憎恶能力的必然对象，但两种能力都是依照理性原则的。

如果善的概念不是从一个先行的实践法则推论出来的，而相反应该充任这个法则的基础：那么这个概念只是某种东西的概念，这种东西的实存预示快乐，并因此决定了主体造成这种东西的因果性，亦即欲求能力。因为既然我们无法先天地洞见到，什么表象伴随着**快乐**，什么表象相反伴随着**不快**，那么要辨别什么是直接地善的，什么是直接地恶的，就唯有取决于经验了。在这一方面，经验唯一能够与之连通的主体性质，就是快乐与不快的**情感**，亦即属于内感觉的一种接受性，因而有关直接是善的东西的概念，只涉及那与**愉快**感受直接联结的东西，而根本的恶这个概念也必定只与

直接刺激起痛苦的东西相关。但是，因为这甚至与语言惯用法相抵牾，语言惯用法把愉悦与善，不愉悦与恶区别开来，它并且要求善和恶任何时候都由理性来判断，从而始终通过可以普遍传达的概念，而不是通过那拘囿于个别主体及其感受性的单纯感受来判断；但是快乐与不快甚至仍然不能自为地与先天的客体的任何表象直接地联接起来：所以相信自己不得不用快乐的情感构成其实践判断基础的哲学家，就很可以把引起愉悦的手段称作善，把不愉悦和痛苦的原因称作恶；因为关于手段与目的的关系的判断，确实属于理性。但是，虽然唯有理性能够洞悉手段与其意图的连接，
（于是人们也能够将意志定义为目的的能力，因为目的始终是依照 59
原则决定欲求能力的根据），那些从上述善的概念之中仅仅作为手段产生出来的实践准则，并不包含某种自为地对于意志对象乃善的东西，而总是只包含某种由于任何别的原因而对于意志对象乃善的东西；善就会在任何时候只是有用的东西，而它对之有用的东西，必定总是居于意志之外的感受之中。如果这种感受，作为愉悦的感受，必须与善的概念区别开来，那么根本就不会有直接善的东西，而善必定也只有在用于某种其他东西，亦即某种愉快的手段之中才找得到。

经院的老公式说：任何事物我们若不是认其为善，我们就不贪求它，任何事物我们若不是认其为恶，我们就不憎恶它（nihil appetimus nisi sub ratione boni, nihil aversamur nisi sub ratione mali）；这个公式常常有一种正确却也常常大有害于哲学的用法，因为善（boni ）恶（mali）两词包含歧义，而这要归咎于语言的局限，因此之故，它们义涉双关；因此，实践法则不可避免地依违不定，而

哲学在应用这些语词时已经清楚地觉察到同一语词有不同的概念，但是仍然不能为这些概念找到特别的措辞，于是被迫造作精细的标识；不过人们对于此等标识又不能意见一致，因为这种区别无法用合适的措辞直接地表示出来。[①]

德语有幸，具备一些不让这些区别忽略过去的词语。对于拉
60 丁文用善(bonum)一个词所指称的东西，德语却有两个颇有差异的概念以及同样颇有差异的词语：相应于善(bonum)，德语有善(das Gute)和福(das Wohl)，相应于恶(malum)，德语有恶(das Böse)和祸害(das Übel 或 das Weh[灾难])。这样，如果我们对于一件行为考虑其善恶，或者考虑其灾难(祸害)，就有两种极为不同的判断。由此可以推论说，如果我们把上述那个[拉丁文]心理学命题移译为：若非考虑我们的福或灾难，我们就不欲求任何东西，那么这个命题就是非常不清楚的；相反，如果我们把它移译为：若非在我们依据理性的指导而把某种东西认作善的或恶的范围之内，我们就不愿欲这种东西，那么这个命题就是表达得确定无疑和十分清楚的了。

福或祸害永远只意指与我们愉悦或不愉悦、愉快或痛苦状况的一种关联，并且如果我们因此欲求或憎恶一个客体，那么这仅仅

---

① 此外，认其为善(sub ratione boni)这个语词也是义涉双关的。因为它可能是说：我们之所以把某种东西表象为善的，乃是因为我们欲求(愿望)它；但也可能是说：我们之所以欲求某种东西，乃是因为我们把它表象为善的；这样，或者欲望是作为善之客体的概念的决定根据，或者善的概念是欲求(意志)的决定根据；因为在前一种情形下，认其为善(sub ratione boni)这个词语就会意指：我们愿望某种在善的理念之下的东西，而在第二种情形下，则会意指：我们根据这个理念愿望某种东西，而这个理念是必须先行于这个愿望而为其决定根据的。

发生于这个客体与我们的感性以及与它所造成的快乐与不快的情感相关联的范围之内。但是，**善**或**恶**任何时候都意指对于**意志**的一种关联，只要这个意志受**理性法则**的决定而使某种东西成为它的客体；因为意志决不受任何客体或客体表象的直接决定，相反它是使自己成为充任行为动机的理性规则(一个客体因此而成为现实的)的能力。于是，善或恶在根本上与行为，而不与个人的感受状况相关联；倘若某种东西应该是，或者应该被认为是绝对地(在所有方面无条件地)善的或绝对地恶的，那么它只是行为的方式，意志的准则，因而是作为善人或恶人的行为者本人，而不是任何一种可以称为善的或恶的事情。

一个斯多亚派分子在痛风剧烈发作时呼喊道：疼痛，你尽可以如此厉害地折磨我，我仍然将永不承认：你是一种恶的东西(κακόν，malum)；人们可以笑话他，但他的确是对的。他感觉到这是一种祸害，而他的叫喊就吐露了这一点；但是，他没有理由承认，恶因此就附着于他了；因为疼痛丝毫不降低他人格的价值，而只是降低了他的境况的价值。他当时若意识到曾撒过的一次谎，此谎必定会打击他的勇气；但是如果他当时意识到，他不是因不义的行为招致这种疼痛并且因此使自己配当惩罚，那么这种疼痛只是充任使他升华的肇端。

我们称之为善的东西，在每一个理性存在者的判断之中必 61
定是欲求能力的对象，而我们称之为恶的东西，在每一个人的眼中必定是憎恶的对象；因而对于这样一个判断，除了感觉之外，尚需理性。诚实和与之相反的谎言，正义和与之相反的暴力等等，情形皆是如此。但是有些事情，我们能够称之为祸害，而大家

却仍然时而间接、时而甚至直接地承认它是善的。一个要接受外科手术的人，毫无疑问觉得这个手术是一个祸害；但是，凭借理性，他以及每个人都承认它是善的。但是，如果某个人爱嘲弄和骚扰喜爱和平的人们，最终有一次他运气不佳，饱受一顿痛打，那么这诚然是一个祸害，但是，每个人都赞同此事，并且即使没有其他东西从中产生出来，每个人也认为它本身就是善的；甚至遭打的人，凭其理性也必定承认，他是罪有应得，因为他看到，理性势不可免地向他呈现的善行善报之理，已经在此恰如其分地实行了。

在我们实践理性的判断之中，我们的福祸诚然关系极其重大，并且就我们作为感性存在者的本性而言，一切都取决于我们的幸福，如果这种幸福，一如理性所特别要求的，不是依照瞬息即逝的感受，而是依照这种偶然性对于我们全部的实存以及我们对于这种实存的满足所施加的影响，被判断的；但是，一般而言，仍然并非一切都取决于这一点。人属于感觉世界；人的理性当然有一个无可否定的感性层面的使命，即照顾感性的关切，并且为今生的幸福起见，以及可能的话为来生的幸福起见，制定实践的准则，在这两点而言，他乃是一个有需求的存在者。但是，人毕竟不是那种彻头彻尾的动物，以致对于理性向自身所说的一切也都漠不关心，而把理性只是用为满足他作为感觉存在者的需要的工具。因为，人虽然具备理性，然而倘若理性仅仅有利于人达到本能在动物那里所达到的目的，那么在价值方面这就完全没有使人升华到纯粹的动物性之上；这样，理性仅仅是自然用来装备人以便其达到它规定动物所要达到的那个目标的特殊方式，而不给他规

定更高的目标。当然，人在一度赋有这种自然禀具之后，就需 62
要理性，以便随时考虑他的福和灾难，但是除此之外，他还将理性用于一个更高的目的，也就是不仅用于思考系自在善或自在恶的东西，而对此唯有纯粹的、绝无感性关切的理性才能判断，而且把这种判断与前一种判断完全区别开来，使它成为前一种判断的无上条件。

在这样判断自在善和自在恶，而将它们与只因同福祸相关才能被称为善和恶的东西区别开来时，下面几点是至关重要的。或者理性的原则已经自在地被思想为意志的决定根据，而不顾及欲求能力的可能客体（因而仅仅通过准则的法则形式）；于是，实践法则的那个原则是先天的，纯粹理性被认定是自为地实践的。法则于是直接决定意志，符合法则的行为是自在地善的，一个其准则始终符合这个法则的意志，是绝对地善的，在一切方面善的，并且是一切善的无上条件。或者欲求能力的决定根据先行于意志的准则，这种根据以快乐或不快的客体为先决条件，从而以某种使人愉快或痛苦的东西为先决条件，而趋乐避苦的理性准则决定那些与我们的禀好相关因而仅仅间接地（着眼于另外一个目的而为其手段）善的行为；于是，这种准则决不能够叫做法则，但仍然能够叫做理性的实践规矩。在后一种情形下，目的本身，即我们寻求的愉悦，不是善，而是福，不是一个理性的概念，而是感受对象的一个经验概念。不过，旨在于此的手段的应用，亦即行为（因为这是需要理性的思考的），仍然可以称作善，但不是根本的善，而只是在与我们感性的关系之中，就其快乐和不快的情感而言，才是善的；但是，倘使一个意志的准则是因此而受刺激的，那么这个意志就不是一

个纯粹意志，而纯粹意志所关怀的，只是在其上纯粹理性能够是自为地实践的东西。

现在到了阐释实践理性批判的方法悖论的地方：这就是说，善
63 和恶的概念必定不是先于道德法则（从表面上看来，前者甚至似乎必定构成后者的基础）被决定的，而只是（一如这里所发生的那样）后于道德法则并且通过道德法则被决定的。即使我们尚不知道，德性原则是不是一条先天地决定意志的纯粹法则，然而为了避免徒劳无功地（gratis）认定一些原理，我们仍然必须至少先不断定：意志是有单纯经验的决定根据，还是也有纯粹先天的决定根据；因为把人们应该首先予以决定的东西预先认定为已经决定了的，这是违反哲学运思的一切基本规则的。假定我们现在要从善的概念出发，从中推论出意志法则来，那么这个关于某一（作为善的）对象的概念同时就会把这个对象呈现为意志唯一的决定根据。因为现在这个概念没有先天的实践法则以为其标准，所以，检验善或恶的试金石不能置于别处，只能置于对象与我们的快乐与不快情感的契合一致，并且理性的应用只能有如下两方面的内容，即一方面决定与我的此在的全部感受整个相联的这种快乐与不快，另一方面决定为我谋得这种快乐或不快的对象的手段。现在，因为唯有通过经验才能辨认什么是与快乐情感相符合的东西，但是依照前面所述，实践法则应当建立在作为条件的这个情感之上，这样，先天的实践法则的可能性恰好就被排除了；因为人们以为有必要预先为意志找到一个对象，而这个作为善的对象的概念必定会构成了意志的一个普遍然而却经验的决定根据。不过，原来必须首先探讨的是，是否也存在着先天的意志决

定根据(这个决定根据不是在任何别的地方,而只是在纯粹实践理性之中,更确切地说,在这个法则无视对象而给准则颁行单纯的法则形式的范围之内,才会被觅得)。但是,因为人们已经依照善恶概念用一个对象构成一切实践法则的基础,但是那个对象因无先行的法则只能依照经验的概念被思维,所以人们已经预先剥夺了仅仅思维一条纯粹实践法则的这种可能性;因为相反,如
果人们先已经分析地研究过实践法则,那么人们就会发现,不是 64
作为对象的善的概念决定道德法则并使之可能,而相反是道德法则在其绝对地配享善的名称的范围之内,首先决定善的概念并使其可能。

这个单纯关涉最高道德研究之方法的注释,是相当重要的。它一下子就说明了哲学家们在有关最高道德原则方面误入歧途的起因。因为他们寻找意志的对象,为了使其成为法则的质料和根据(这个法则因而就不会直接地,而是借助于滋生快乐与不快情感的对象,成为意志的决定根据),而不是首先探求这样一条法则;它先天地和直接地决定意志并且首先按照这个意志决定对象。现在,他们可以将这个据说给出善的无上概念的快乐对象置于幸福之中,置于完满性之中,置于道德情感之中或者置于上帝的意志之中,他们的原理因而总是他律,他们必不可免地遭遇道德法则的经验条件:因为他们只能够依照他们的对象与情感的直接关系,把作为直接的意志决定根据的这个对象称为善的或恶的,而这种关系始终是经验的。唯有形式的法则,亦即唯有那条规定理性只让其普遍立法的形式成为准则的无上条件的法则,能够先天地是实践理性的决定根据。古人由于如下一点公开地透

露了这个错误：他们把他们的研究整个地置于对**至善**的概念的规定之上，因而置于一个他们想随后使之成为道德法则里面意志的决定根据的对象上；这个客体，只有在很久以后，当道德法则首先自为地得到证明，并且被证明有正当的理由作为直接的意志决定根据时，才能作为对象向此时从其形式上得到先天决定的意志表象出来；这件事我们将在纯粹实践理性的辩证论里试做一下。在近代人那里，有关至善的问题已经过时了，或者至少看起来已经成为第二位的事情了，他们把上述的错误隐藏（就如在其他许
65 多情形下一样）在不确定的词语之后，不过人们依然看见这个错误从他们体系的背后闪现出来，因为它总是透露实践理性的他律，而从后者那里永远不再能够产生一条先天而普遍地发号施令的道德法则。

现在，因为作为先天意志决定的结果的善恶概念确实以一条纯粹实践原则为先决条件，从而以纯粹理性的因果性为先决条件，所以，这些概念并不像纯粹知性概念或者理性在理论应用中的范畴那样，源始地与（就如将所与直观的杂多的综合统一性规定在一个意识之中）客体相关联，它们相反设定这些客体是所与的；而且它们一概都是一个唯一的范畴，即因果性范畴的种种方式，只要这个因果性的决定根据存在于理性的因果性法则的表象之中，而这个法则，作为自由法则，是理性给予自己的，理性借此先天地证明自己是实践的。但是，行为**一方面**虽然从属于一条法则之下，这条法则不是自然法则，而是自由法则，因而从属于理智存在者的行为，但是**另一方面**它们作为感觉世界中的事件也从属于现象，于是，唯有在与后者的关联之中，因而虽然按照知性的范畴，但不是

着眼于范畴的理论应用，以把（感性）直观的杂多归在一个先天的意识之下，而只是为了把欲求的杂多纳入一个在道德法则中发号施令的实践理性的意识统一性，或者纳入一个先天的纯粹意志的统一性，实践理性的决定才会发生。

这些自由范畴，我们这样称呼它们以别于那些作为自然范畴的理论概念，比起自然范畴有一种显著的优点：后者只是一些思想形式，它只是通过普遍概念以不确定的方式给每一个对我们可能的直观指明一般客体；与之相反，前者因为涉及一个自由意愿的决定（对于这种意愿，诚然不能给予任何与之完全符合的直观，但是这种意愿却先天就有一条纯粹实践法则构成其基础，而我们认识能力的理论应用的概念便不是这种情形），作为实践的基本概念，就不以并不存在于理性自身中，而必须从别处即感性那里取来的 66
直观形式（空间和时间）为基础，而是以理性之中、因而在思维能力自身之中被给予的一个纯粹意志的形式为基础。由此就出现了如下的情形：因为在纯粹实践理性的全部规矩之中，关键只在于意志决定，而不在于（实践能力）实现其意图的自然条件，所以，与自由的无上原则相关联的先天实践概念立即成了认识，而毋需期待直观以获得意义，更确切地说，这是出于下面这个明显的理由：它们自己造就它们与之关联的东西（意志意向）的实在性，而理论概念的情形就完全不是这样的。人们必须全神注意，这些范畴仅仅涉及一般实践理性，因而依其秩序从在道德上尚未决定的和以感性为条件的东西，向不以感性为条件而单单受道德法则决定的东西进展。

有关善恶概念的自由范畴表

1. 量

主观的、依照准则的(个体的**意向**)

客观的、依照原则的(**规矩**)

既先天客观的又主观的自由原则(**法则**)

2. 质

举止的实践规则([praeceptivae])

不为的实践规则([prohibitivae])

破格的实践规则([exceptivae])

3. 关系

与**人格**的关系

与个人的**状况**的关系

个人与其他个人状况的**交互**关系

4. 模态

许可的与**不许可的**事情

职责和**违反职责**的事情

完满的和**不完满的**职责

67　人们在这里立刻就会发觉，在这个表里面，自由，就通过它而可能的、作为感觉世界中的现象的那些行为而言，被认为是一种因果性，但它并不委质于经验的决定根据，因而它关涉到这些行为在自然之中的可能性的范畴；与此同时，每个范畴又都有那样一种普遍的解释：那种因果性的决定根据也能够在感觉世界之外自由之中被认定是理智存在者的一个性质；直至模态范畴肇始从一般实践原则到德性原则的过渡，不过仅仅以一种**或然的方式**，在此以后德性原则才能够通过道德法则以**教条的方式**表述出来。

这里我不再对本表做补充阐释，因为它本身是足够明白的了。这种依照原则拟定的分类对于一切科学都是十分有益的，有助于其彻底性以及可理解性。譬如，从上表第一组人们立刻知道，人们在从事实践考虑时必须从何处着手：从各人建立在其禀好上的准则开始,从对某一类在某种禀好上相互一致的理性存在者都有效的规矩开始,最后从对一切理性存在者都有效的法则开始,而不计及其禀好,如此等等。以这样的方式,我们综观了我们务须完成的整个计划,乃至综观了实践哲学务须回答的每个问题,同时综观了理当遵循的秩序。

纯粹实践判断力范型

善恶概念首先给意志决定了一个客体。但是,善恶概念本身委制于理性实践规则,而这个理性如果是纯粹理性,它就相对于意志的对象先天地决定意志。然而,一件在感性之中对于我们来说可能的行为是不是一个从属于这个规则的例子,由实践判断力决定,通过这个判断力,在规则中被普遍地(in abstracto)断言的东西可以具体地(in concreto)运用到行为上去。但是,因为纯粹理性的一个实践规则,**第一**,作为**实践的规则**,关涉一个客体的实存,**第二**,作为纯粹理性的**实践规则**,自身具备相对于行为的此在而言的必然性,从而是实践法则,虽然不是凭借经验的决定根据的自然法 68
则,而是一条自由法则,依照这个法则,意志应当是能够独立于一切经验的东西(单单通过一般法则的表象及其形式)被决定的,但一切发生的可能行为的事例,都只能是经验的,也就是说,只能从属于经验和自然。因此,要在感觉世界发现一个事例,而这个事例当始终只从属于自然法则之时,又允许一条自由法则应用于其上,并且一个超感性的德性善的理念也能够运用于其上,而这种善可以具体地(in concreto)呈现在这个事例之中,这就显得荒谬了。于是,纯粹实践理性的判断力就陷入了与纯粹理论理性判断力同

样的困难，后者却有走出这种困难的手段：这是因为在理论应用方面问题取决于纯粹知性概念能够运用于其上的直观，而这种（虽然仅仅是感觉对象的）直观的确能够先天地被给予，因而事关直观之中的杂多的连接的东西，乃是能够依据纯粹先天的知性概念（作为**图型**）被给予的。与此相反，德性善依其客体而言是某种超感性的东西，因此在感性直观之中无法找到某种与之相符合的东西，于是纯粹实践理性法则之下的判断力似乎就陷入一种特别的困难，这些困难来源于如下的事实：自由法则应当运用于这样一种行为之上，这种行为是那些发生在感觉世界并因而在此范围内属于自然的事件。

然而这里一个有利的前景却为纯粹实践判断力展现出来。把一件在感觉世界之中对我可能的行为纳于**纯粹实践法则**之下，这无关乎这件行为作为感觉世界之中的一件事情的可能性；因为它应该由理性的理论应用依照因果性的法则来判断，而因果性乃是纯粹知性概念，理性对于这个概念有一个感性直观中的**图型**。自然的因果性，或者这种因果性借以发生的条件，从属于自然概念之下，而自然概念的图型是由先验想象力勾勒出来的。但是，这里所涉及的不是依照法则的某个事例的图型，而是法则本身的图型（如果这个词用在此处合适的话）；因为单凭法则而毋需其他决定根据
69 的**意志决定**（而非与其后果相关联的行为）把因果性概念跟一些与造成自然连接的那些条件完全不同的条件联接了起来。

自然法则，作为感性直观的对象本身所委质的法则，必定有一个图型，亦即想象力的普遍方式（将法则所决定的纯粹知性概念先天地呈现给感觉）与之相符合。但是，自由法则（作为完全不以感

性为条件的因果性)，从而还有无条件善的概念，并无一个直观，从而并无一个图型，为了它们的具体的(in concreto)运用而成为它们的基础。因此，道德法则除了知性(不是想象力)以外，就没有其他居间促成其运用于自然对象上的认识能力；而知性为理性理念所构成的基础不是感性的图型，而是法则，但却是能够具体地(in concreto)在感觉对象上呈现出来的法则，因而是一条自然法则，但是这仅仅据其形式而言，而作为法则其鹄的在于判断力，于是，我们能够名之为道德法则的**范型**。

纯粹实践理性法则之下的判断力规则是这样的：扪心自问，如果你打算做的那件行为会通过自然法则而发生，而你自己本身是这个自然的一部分，那么你是否能够把它看作乃是通过你的意志而可能的？事实上，每个人都依照这个规则判断行为：它在道德上是善的抑或恶的。于是，人们就说：譬如，如果**人人**在认为能为自己谋得好处时就允许自己说谎；或者人人一当感到人生厌烦无极，就认为有权了结生命；或者人人对他人的疾苦熟视无睹；并且倘若你厕身于事情的这样一种秩序，你会同意你的意志安居其中吗？既然人人都很清楚，即使他暗中说谎，并非因此人人也都说谎，或者即使他恬无怜悯之心，并非人人也会立刻同样待他；因而他自己的行为准则与一个普遍的自然法则的这种比较还不是他意志的决定根据。但是，自然法则仍然是依照道德原则评价行为准则的一个**范型**。如果行为的准则被构造得经不起一般自然法则的形式的 70
检验，那么它在道德上是不可能的。甚至最为庸常的知性也如此判断；因为**自然法则**永远构成了他们所有最为习惯的、乃至经验的判断的基础。于是，他任何时候都据有自然法则，只是在出于自由

的因果性应当受评价的情形下，他才把那条自然法则单纯用作自由法则的范型，因为如果没有某种他能够使之在经验的场合成为实例的东西，那么在运用时，他就无法求得纯粹实践理性法则的应用。

因此，把感觉世界的自然作为理智自然的范型予以应用，也就是允许的，只要我不将直观和依赖于直观的东西转移到理智自然，而是只把一般合乎法则性的形式（这个概念也出现在最为庸常的理性应用之中，但它并非为了其他的意图，而单单为了理性纯粹实践的应用才能被先天确定地认识到）与后者关联起来。因为，这样的法则，不论它们要从何处取得它们的决定根据，都是二而一的。

此外，因为所有理智的东西，除了（借助道德法则的）自由之外，对我们都根本没有实在性，而且即使自由也只有在它是一个与那条法则不可分的先决条件的范围之内，才有实在性；再者，理性在那条法则的指导之下，或许还会引导我们而至的所有那些理智对象，除了为这个法则和纯粹实践理性应用的目的之外，对我们也不再有实在性；但是这个理性有权利，甚至被迫将自然（依照其纯粹知性的形式）应用为判断力的范型：于是，当下的这个注释就可以用以防止把单纯属于概念范型的东西算在概念本身之列。这样，这个范型，作为判断力的范型，防范了实践理性的经验主义，后者将善恶的实践概念单单置于经验的后果（即所谓的幸福）之中，虽然幸福和为自助所决定的意志的无限有用的结果，在这个意志同时使自身成为普遍的自然法则的情况下，确乎能够充任道德善的完全合适的范型，但与它还是不一样的。这同一个范型还防范了实践理性的神秘主义，后者使仅仅充任象征的东西成为一个图

型，也就是说，以（对于某种不可见的上帝王国的）现实的然而非感 71
性的直观构成道德概念运用的基础，因而就漫游到情胜于实的境域里面。判断力的**理性主义**单单切合道德概念的应用，理性主义从感性自然所取的东西无非就是纯粹理性也能够自为地思想的东西，亦即合法则性，并且它转移到超感性世界之中的东西，也无非相反是可以依照一般自然法则的形式规则通过感性世界中的行为让自身现实地呈现出来的东西。与此同时，防范实践理性的**经验主义**是更其重要、更要规诫的，因为**神秘主义**还与道德法则的纯粹性和崇高性相互一致，此外，如果竭尽想象力以至超感性的直观，也是不自然的，且不合乎一般思维方式的习惯；因此，在这一方面，危险并不是那么普遍。与此相反，经验主义却把意向（正是这里，而不是行为，才是人道能够并且应当通过行为给自己求得的那种崇高价值的立身之所）的德性连根拔掉，并且把一种完全不同的东西，亦即与一般禀好私相交往的经验的关切，代替职责而强加给德性；此外，经验主义也因此就与一切禀好结盟，而后者（不论采取什么样式）如果被提升到无上实践原则的尊位，就会贬损人道，并且在这种情况下它们对于每个人的性情仍然是如此的怂恿；出于如上原因，经验主义比一切狂热更加危险，因为后者决不能成为多数人的持久心态。

第三章　纯粹实践理性的动力

行为全部道德价值的本质性东西取决于如下一点：**道德法则直接地决定意志**。倘若意志决定虽然也**合乎**道德法则而发生，但仅仅借助于必须被设定的某种情感，而不论其为何种类型，因此这种情感成了意志充分的决定根据，从而意志决定不是**为了法则**发
72 生的，于是行为虽然包含**合法性**，但不包含**道德性**。如果**动力**(elater animi[灵魂的驱动者])被理解为存在者意志的主观决定根据，而这个存在者的理性凭其天性并不必然合乎客观法则，那么由此得到如下结论：第一，人们决不能赋予神的意志以动力，[其次]但是人类意志的(以及每一个被创造的理性存在者的意志的)动力决不能是某种与道德法则不同的东西，因而[第三]，如果行为不仅应当实现法则的**条文**，而且还应当实现法则的**精神**[①]，那么行为的客观决定根据必须始终同时是行为唯一主观充分的决定根据。

于是，为了道德法则的缘故，以及为了求得道德法则对于意志的影响，人们不得寻求其他任何会抛却道德法则的动力，因为这会产生种种无法持久的伪善；甚至仅仅让其他一些动力(作为利益动力)与道德法则共同起作用，也是有危险的；所以唯一的途径就是谨慎地决定，在什么方式之下，道德法则成为动力，以及因为动力是法则，那么什么东西将作为那种决定根据对人类欲求能力的作用发生于这种能力之前。因为一条法则如何能够自为地和直接地成为意志的决定根据(这也正是全部道德性的本质所在)，这是一个人类理性无法解决的问题，而与自由意志如何可能这个问题乃是同出一辙的。于是，我们必须先天地指明的，不是道德法则何以在自身给出了一个动力，而是它作为一个动力，在心灵上产生了

① 对于每一种不是为了法则发生却合乎法则的行为，人们能够说：它只依照**条文**，而非依照**精神**(意向)在道德上是善的。

（更恰当地说，必须产生）什么作用。

一切通过德性法则的意志决定的本质性东西就是：它作为自由意志，因而不但无需感觉冲动的协作，甚至拒绝所有这种冲动，并且瓦解那能够与上述法则相抵触的一切禀好。因此，在这样一个范围之内，作为动力的道德法则的作用仅仅是否定的，并且这个动力本身是能够被先天地认识的。因为一切禀好和每一种感觉冲动都是建立在情感之上的，所以（通过禀好所遭遇的瓦解）施于情感的否定作用本身是情感。从而我们能够先天地洞见到：作为意 73
志决定根据的道德法则，由于抑制了我们的一切禀好，必定导致一种情感，这种情感可以名之为痛苦，并且在这里我们有了第一个，也许唯一的情形，在这种情形下，我们能够从概念出发先天地规定认识（这里便是纯粹实践理性的认识）与快乐或不快的关系。一切禀好共同（它们也能够归入尚可容忍的体系，而它们的满足便称作幸福）构成**利己主义**（solipsismus）。这种利己主义或者是**自爱**的利己主义，这是一种对自己的过度的**钟爱**（philautia），或者是对自己**惬意**（arrogantia）的利己主义。前者特别称为**自私**，后者特别地称为**自负**。纯粹实践理性只是**瓦解**自私而已，因为它把这个自然地和先于道德法则活动于我们之中的自爱仅仅拘囿于与这个法则符合一致的条件之内；这时，自私也因而被叫做**合理的自爱**。但是，纯粹实践理性完全**平伏**了自负，因为在与道德法则符合一致之前先行出现的自大的主张，都是微不足道和毫无根据的，因为唯有对与这个法则符合一致的意向的确信，才是一切人格价值的首要条件（就如我们立刻就要阐明的那样），一切先于这种确信的非分要求都是错误的和违背法则的。就这种自大单单依据感性而言，

自大的偏向属于道德法则所瓦解的禀好之列。道德法则于是瓦解自负。但是，因为这种法则仍然是某种自在地肯定的东西，也就是说，是理智的因果性的形式，亦即自由的形式，所以它同时就是**敬重**的对象，因为它针对主观的对抗，亦即我们之中的禀好**削弱**自负，并且因为它甚至**平伏**自负，亦即贬损自负，它就是最大**敬重**的对象，从而也就是一种并无经验渊源而被先天地认识的肯定的情感的根据。于是，对于道德法则的敬重是一种情感，它产生于理智的根据，并且这种情感是我们完全先天地认识的唯一情感，而其必然性我们也能够洞见到。

74 我们在上一章已经看到，一切在道德法则之先呈现出来作为意志客体的东西，都将由作为实践理性无上条件的这个法则排除于意志的决定根据之外，而后者名为无条件一善。我们也看到，单纯的实践形式就在于准则充任普遍立法的适用性，这种形式首次决定了自在和绝对善的东西，并且建立了唯一在所有方面皆善的纯粹意志的准则。不过，现在我们发现，作为感性存在者的我们的本性具有这样的性质：欲求能力的质料（禀好的对象，无论希望还是恐惧）抢入我们面前，并且我们受本能决定的自我，虽然通过其准则完全不适用于普遍的立法，却仍然仿佛造就了我们整个的自我，而试图首先提出它的要求并且使它们成为首要的和源始的要求。人们可以将这样一种偏向，即使依照其意愿的主观决定根据的自我成为一般意志的客观决定根据的偏向，称作**自爱**，这种自爱如果使自身成为立法的和无条件的实践原则，便叫作**自负**。现在，唯一真正（亦即在一切方面）客观的道德法则完全排除自爱对于无上实践原则的影响，并且彻底瓦解将自爱的主观条件颁布为法则的自负。现在凡在我们自己的判断之中瓦解我们的自负的东西，都贬损自负。所以，只要哪一个人比较自己本性的感性偏向与道德法则，道德法则就不可避免地贬损他。某种东西的表象，作为我们意志的**决定根据**，在我们的自我意识中贬损我们，那么这种东西在其是肯定的和决定根据的范围之内，自为地唤起对它的**敬重**。于是，道德法则也在主观上是敬重的根据。因为既然在自爱中所见及的一切都属于禀好，但一切禀好都依赖情感，因而一并瓦解自爱之中的所有禀好的东西，出于同样的缘故必然影响到情感；这样我们就领会了，如下一点为什么是能够先天地洞见到的：道德法则因为排除禀好以及使禀好成为无上实践条件的偏向，亦即自爱，而不使其参与最高立法，就能够对情感产生作用；这种作用一方面仅

仅是否定的，另一方面，更确切地说相对于纯粹实践理性的受限制 75
的根据，是**肯定的**；对于后者，就无需以实践情感或道德情感的名义设定任何一种先行于道德法则并构成其基础的特殊情感。

这种对于情感的否定作用（不悦），犹如对于情感的所有影响以及每一种情感本身，乃是**本能的**。但是，作为道德法则意识的作用，从而在与一个理智原因，亦即作为无上立法者的纯粹实践理性主体的关联之中，这个受禀好刺激的理性主体的情感虽然称为贬损（理智的蔑视），但是在与贬损的肯定根据即法则的关联之中，这种情感同时就是对法则的敬重。对于这条法则而言，并无情感发生，但是因为这条法则排除了抵抗，所以依据理性的判断，清除障碍也就等同于对因果性的一种肯定的促进。因此，这种情感现在也可能称为对道德法则的敬重情感；而出于这两个理由，它也可以称为**道德情感**。

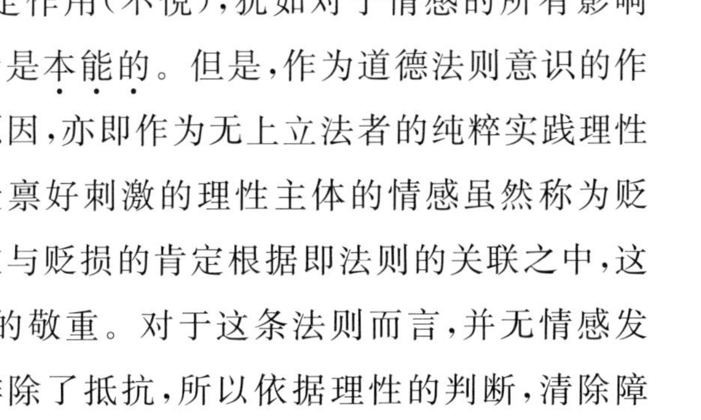

这样，道德法则，一如它通过纯粹实践理性乃是行为的形式决定根据，一如它乃是善恶名义之下行为对象的虽系质料却纯客观的决定根据，因而也就是这种行为的主观决定根据，即动力；因为它对主体的感性施加了影响，产生了一种促进法则去影响意志的情感。这里在主体之中并非**先行**就有或与道德性相称的情感。这是不可能的，因为一切情感都是感性的。但是德性意向的动力必须是超脱一切感性条件的。相反，那构成我们一切禀好基础的感性情感虽然是我们称为敬重的这种感受的条件，但这种情感的决定原因存在于纯粹实践理性之中，并且就其源泉而论这种感受不是本能的，而必定意味着是**出于实践的作用的**。这是因为道德法则的表象褫夺了自爱的影响，褫夺了自负的幻想，减少了纯粹实践
76 理性的障碍，而其客观**法则**优先于感性冲动的表象就产生了出来，从而依据理性的判断通过摒弃配重，客观法则的重要性相对地（就受到感性刺激的意志而言）实现了。这样，对于法则的敬重不是趋于德性的动力，而是在主观上被视作动力的德性本身，因为纯粹实践理性通过排除与其相对的自爱的一切要求，使现在唯一具有影响的法则获得了威望。于此应当注意，就如敬重是施于理性存在者的情感之上的作用，从而是施于理性存在者的感性之上的作用，它以道德法则让其承担敬重的这种存在者的感性，从而以这种存在者的有限性为前提；于是，对于道德**法则**的敬重不能赋予一个至上的或超脱一切感性的存在者，感性对于它不可能成为实践理性的障碍。

因此，这种（道德名义之下的）情感仅仅是由理性导致的。它并不用来判断行为，更不充任客观德性法则本身的基础，而只是充

任使这个法则本身成为准则的动力。但是，人们能够以什么名称比较恰当地授予这个特殊的情感，而它是不能够与任何本能情感相比较的？它是这样一种独特的情感，它看来只听命于理性，并且只听命于纯粹实践理性。

敬重始终仅施于人，决不施于事物。事物能够在我们心中唤起禀好，或者倘若它们是动物（譬如马，犬等等）的话，甚至可以唤起**爱**，或者也可以唤起**畏惧**，如海洋，一座火山，一匹猛兽，但决不能唤起**敬重**。某种近似这种情感的东西，是**景仰**，而这种景仰作为情绪，即惊异，也能够施于事物之上，譬如高耸云霄的大山，天体的宏伟、繁多和辽阔，以及某些动物的强壮和敏捷等等。但是所有这些都不是敬重。一个人能够是我喜爱、畏惧或景仰的对象，甚至惊异的对象，却仍然并不因此就是我敬重的对象。他的性情诙谐，他的勇敢和强壮，他的位高权重，都能引起我这同样的感觉，但我内心始终缺乏对他的敬重。**丰特奈尔**曾说，**我对贵人鞠躬**，**但我心灵并不鞠躬**。我可以补充说，对于一个我亲见其品节端正而使我自 77
觉不如的素微平民，**我的心灵鞠躬**，不论我愿意与否，也不论我如何眼高于顶，使他不忽视我的优越性地位。为什么如此？他的榜样将一条法则立在我的面前，当我用它与我的举止相比较时，它平伏了我的自负，并且通过这个在我面前证实了的事实，我看到这个法则是能够遵循和**实行的**。纵然我可能同时意识到甚至我自己同样程度的品节端正，而这敬重依然不变。因为在人类这里一切善都有欠缺，所以由某个例子呈现出来的法则总是平伏我的傲慢，为此我眼前所见的这个人指示了一个标准，虽然这个人一直有其过行，却不像我自己的过行那样让我体会到，所以他在我眼里就显得

较为清白一些。**敬重**是我们对于功业不得不表示的**礼赞**，无论我们愿意与否；我们至多可以在外表上抑制它，但却不能提防在内心感受到它。

敬重**远非**一种快乐的情感，因而相对于某一个人时我们仅仅不情愿地让位给它。我们试图找出某种能够减轻敬重的负担的东西，找出某种责难以补偿由这个实例给我们带来的贬损。甚至死者，尤其当他们的实例显得无法仿效时，也并不总是避免了这种批评的。即使**庄严崇高**的道德法则本身也落入了对它拒不敬重的企图之中。我们可以想一想，人们情愿将道德法则贬低成亲昵的禀好，可以归咎于其他原因吗？我们不惮费力，使道德法则成为有助于我们已了然于胸的利益的箴言，不是为了摆脱那严厉责备我们微不足道的令人战栗的敬重，还会出于别的什么原因吗？同时，敬重之中的**不快**又是**如此之微小**，以致一俟我们捐弃自负而允许那敬重产生实践的影响，我们又会对这条法则的壮丽百看不厌，而且当灵魂看见神圣的法则超越自己及其有缺陷的本性之上时，就相
78 信自己亦同样程度地升华。诚然，伟大的天才及与其比配的事业也能唤起敬重或与之相似的情感，而将这种情感献给他们也完全是合适的，从而在人看来景仰与敬重仿佛是一样的。不过，当我们仔细一看，就会注意到，因为才具有多少归功于天生的能力，有多少归功于来自勤奋的修养，向来是不确定的，所以理性就向我们提出一个设想说，才具乃是培养的结果，因而是功业，后者明显地抑制了我的自负，并就此切责我们或强使我们以适合我们的方式仿效这样一个实例。这个敬重，这个我们向这样一个人（其实向由他的实例呈现给我们的法则）表示的敬重，并非单纯的景仰；这一点

又得到如下的证明：当许多一般的仰慕者相信已经从随便什么地方得知这样一个人（如**伏尔泰**）的品格的污点时，所有对他的敬重随之消散，但是真正的学者至少鉴于他的天才仍然一如既往对他怀有敬重，因为他自己所从事的事业和职责在一定程度上使仿效此人成为他的法则。

于是，对于道德法则的敬重是唯一而同时无可置疑的道德动力，并且这种情感除了仅仅出于这个根据的客体之外就不指向任何客体。在理性的判断之中，道德法则首先客观地和直接地决定意志；而自由，其因果性只能是由法则决定的，恰恰就在于如下一点：它将一切禀好，从而将对人本身的尊重限制在遵守其纯粹法则的条件之上。现在这种限制在情感上发生了一种作用，产生了不快的感受，这是能够依据道德法则先天地认识到的。但是，因为这种限制到此为止单单是否定的作用，由于发源于纯粹实践理性的影响，它首先在禀好乃是主体的决定根据的范围内抑制了主体的活动，从而抑制了有关主体个人价值的意见（这种价值若与道德法则不相契合就变得一无足取），于是，这个法则对于情感的作用就单单是贬损，后者我们虽然能够先天地洞察，但是于此我们不能认识纯粹实践法则作为动力的力量，而只能认识对于感性动力的抗拒。不过，因为这同一个法则客观上，亦即在纯粹理性的表象里，79
确是意志的一个直接的决定根据，因而这种贬损仅仅相对于法则的纯洁性才发生，于是，在感性方面道德自尊的降低即贬损，就是在理智方面对法则的道德尊重即对法则的实践尊重的提升；一言以蔽之，依据法则的理智原因，对于法则的敬重就是一种可以先天地认识的肯定情感。因为每一次减少某个活动的障碍就是促进这

个活动本身。但是，承认道德法则便是意识到出于客观根据的实践理性的活动，实践理性之所以不能将其作用表达在行为之中，只是因为主观的（本能的）原因妨碍了它。因此，对于道德法则的敬重，在这个法则通过贬损自负而弱化禀好障碍性的影响的范围内，必须被看作是法则对于情感的肯定然而却间接的作用；从而它也必须被看作是活动的主观根据，亦即被看作遵守法则的**动力**以及一种适合法则的生活的准则的根据。从动力概念生发出了一个**关切**概念，关切决不被授予具备理性的存在者之外的存在者，并且在动力是**由理性表象**出来的范围之内，关切意谓着意志的一个**动力**。因为法则本身在一个善良意志里面必定是动力，所以**道德的关切**是单纯实践理性的一个纯粹非感觉的关切。在关切的概念之上还建立有**准则**的概念。因此只有当这个准则依赖于人们对于遵守法则的单纯关切时，它才在道德上是真的。但是，所有这三个概念，**动力**概念，**关切**概念和**准则**概念，只能运用于有限的存在者。因为它们一概以存在者本性的局限性为先决条件，盖缘存在者意愿的主观性质并非自发地符合实践理性的客观法则；它们设定存在者有一种以任何方式被推动而至活动的需要，因为一种内在的障碍遏止这个活动。这些概念因此不能运用于上帝的意志。

实践理性呈现给我们一条纯粹的、脱尽一切利益的道德法则，
80 以供我们遵守，而实践理性的声音甚至使胆大绝伦的罪人战栗恐惧，不得不闻而逃匿；在对于这条法则的无限宝重之中，存在着一种如此独特的东西，以致我们不必对如下的发现感到奇怪：一种单纯理智的理念对于情感的这种影响是无法为思辨理性所解释的，并且我们也不必感到奇怪我们必须满足于如下一点，即我们所能

先天地洞察到的确只限于：在每一个有限的理性存在者那里，这样一种情感是与道德法则的表象不可分割地联结在一起的。倘若这种敬重情感是本能的，从而是一种以内感觉为基础的快乐情感，那么想要发现它与任何先天理念的联结，就会是徒劳无功的。但现在它是这样一个情感，单纯关涉实践的东西，并且仅仅依照法则的形式而非由于法则的客体才与法则的表象相联系，从而既不能够算作愉快也不能够算作痛苦，然而产生了对于遵守法则的一种**关切**，这种关切我们称为**道德的**关切。于是，对法则采取这样一种关切（或者对于道德法则本身的敬重）的能力其实就是**道德情感**。

对于意志**自由地**屈服于法则的意识，并且还与一种不可避免的、虽然只是由自己的理性加于一切禀好之上的约束联结在一起，乃是对法则的敬重。这条要求并且也激起这个敬重的法则，如我们所见，无非是道德的法则（因为没有别的法则排除一切禀好对意志的直接影响）。依据这条法则而排除了一切出于禀好的决定根据的行为是客观地实践的，这种行为称作**职责**，后者由于这种排除而在其概念里面包含了实践的**强制性**，亦即包含了对于行为的决定，无论这些行为是如何**不情愿地**发生的。这个自这种强制性的意识发源的情感并不像由感觉对象所产生的情感那样是本能的，而仅仅是实践的，亦即是通过一个先行的（客观的）意志决定和理性的因果性而可能的。于是，作为对于法则的**屈服**，亦即作为命令（这个命令宣告了对于感性方面受刺激的主体的约束），这个情感不包含任何快乐，反而在这个范围内包含了附着于行为的不快。但是另一方面，因为这种约束只是由**自己**理性的立法施加的，所以它也包含着**升华**，并且这种对情感的主观作用，就纯粹实践理性是 81

其唯一的原因而论，也能够就纯粹实践理性而言单单称作自赞，因为我们认识到自己只是受法则而非任何其他关切的决定，并且从现在起意识到一个完全不同的、由法则在主观上产生的关切，后者是纯粹实践的和自由的；对合乎职责的行为采取这样一种关切不是禀好所劝告的，而是理性通过实践法则所绝对地命令的和实际地产生的，由此之故，它就拥有了一个完全特殊的名称，即敬重。

于是，职责概念对于行为要求它与法则的客观一致，对于行为的准则却要求对法则的主观敬重，作为由法则决定意志的唯一方式。关于合乎职责而发生的行为的意识，与出于职责，亦即出于对法则的敬重而发生的行为的意识之间的区别，就依赖于此；即使单单禀好才是意志的决定根据，前者（合法性）也是可能，但后者（道德性），即道德价值却必须仅仅安置在如下的情形里面：行为出于职责，亦即单纯为了法则的缘故才发生①。

一切道德判断中最为重要的就是，格外准确地注意一切准则的主观原则，这样，行为的一切道德性才被安置在行为出于职责和出于对法则的敬重必然性之中，而不是安置在行为出于对行为可能产生的东西的热爱和倾心的必然性之中。对于人和一切被造的理性存在者来说，道德的必然性就是强制性，亦即义务，每一个以此为基础的行为都被表象为职责，而不是表象为自己所中意的或可能会中意的行事方式。这仿佛我们某一天能够做到这一点：我

---

① 如果我们准确地思考前面陈述过的对人敬重这个概念，那么就会发觉，这种敬重始终依赖于某个实例持于我们之前的那种职责意识，而且敬重也决不会有异于道德根据的其他根据；无论我们在何处用这个词语去注意人们在判断道德法则时所取的秘密的而奇妙的、同时却常常出现的瞻顾，总是有益的，从心理学的观点来看，甚至对于知人论事也是非常有用的。

们无需对法则的敬重，因为后者是与畏惧或至少与犯规的担心联 82
结在一起的，而犹如完全独立不依的崇高神性，仿佛通过意志与纯粹德性法则的一种变成我们本性的、永不更移的契合一致，某一天终于能够拥有意志的**神圣性**（而德性法则，也由于那时我们决不可能再受诱惑去背弃它，便可能最终对我们完全不复是一道命令）。

这就是说，道德法则对于绝对完满的存在者的意志是一条**神圣性**的法则，但对于每一个有限的理性存在者的意志则是一条**职责**法则，一条道德强制性的法则，一条通过对法则的**敬重**以及出于对其职责的敬畏而决定有限的理性存在者的行为的法则。其他的主观原则不应当被看作是动力；因为否则行为虽然能够一如法则所规定它的那样发生，但是，因为它尽管是合乎职责的，却不是出于职责的，所以趋于行为的意向就是不道德的，而这种意向正是这个立法中的关键所在。

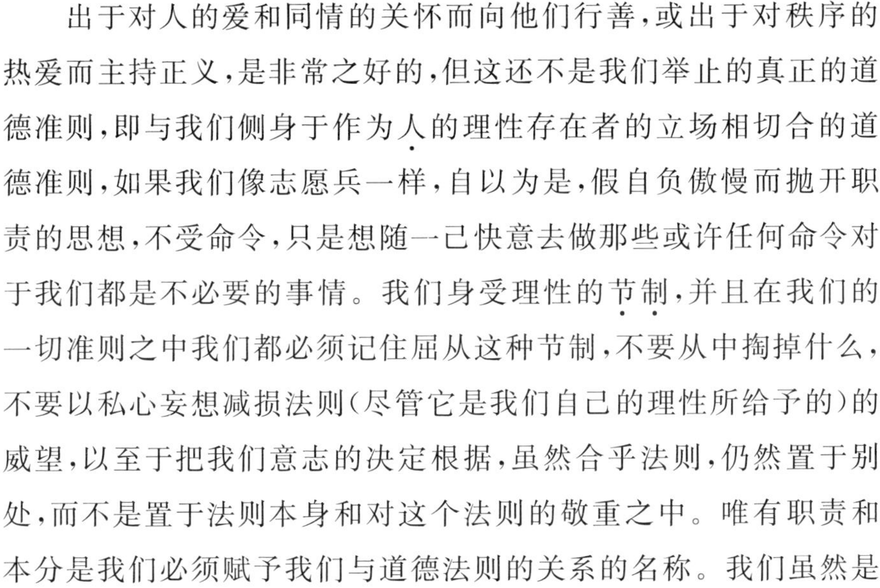

出于对人的爱和同情的关怀而向他们行善，或出于对秩序的热爱而主持正义，是非常之好的，但这还不是我们举止的真正的道德准则，即与我们侧身于作为**人**的理性存在者的立场相切合的道德准则，如果我们像志愿兵一样，自以为是，假自负傲慢而抛开职责的思想，不受命令，只是想随一己快意去做那些或许任何命令对于我们都是不必要的事情。我们身受理性的**节制**，并且在我们的一切准则之中我们都必须记住屈从这种节制，不要从中掏掉什么，不要以私心妄想减损法则（尽管它是我们自己的理性所给予的）的威望，以至于把我们意志的决定根据，虽然合乎法则，仍然置于别处，而不是置于法则本身和对这个法则的敬重之中。唯有职责和本分是我们必须赋予我们与道德法则的关系的名称。我们虽然是

那个因自由而可能、因实践理性而向我们呈现为敬重的德性王国的立法成员，但同时也是其臣民，而非其统治者；并且误解我们作
83 为创造物的低下等级，由自负而否认神圣法则的威望，已经是从精神上背叛了那个法则，即使这个法则的条文得到了实现。

但是诸如爱上帝甚于一切和爱汝邻人如爱己[①]这样一类命令的可能性与法则是完全符合一致的。因为它正是作为命令，要求敬重那条以爱命令人的法则，而非听任随意的选择使爱成为原则。但是，对上帝的爱，作为禀好（本能的爱）是不可能的；因为上帝不是感觉的对象。这同一种爱对于人诚然是可能的，但不能被命令；因为没有一个人能够仅仅因命令而去爱某人。因此正是实践的爱在一切法则的那个核心之中才被理解。爱上帝在这个意义上意谓着乐意执行它的命令；爱邻人意谓着乐意对他履行所有职责。但是，那个使这件事情成为规则的命令也不能命令人们具有这种合乎职责的行为中的意向，而只能命令人们努力追求它。因为一个关于人们应当乐意做某事的命令，是自相矛盾的，盖缘如果我们自己已经知道我们有责任去做什么事了，如果我们此外还意识到乐意去做此事，那么这样的命令就是毫无必要的；假如虽然我们做了此事，但并非乐意，而只是出于对法则的敬重，那么使这个敬重成为准则的动力的命令，就会恰恰与那个被命令的意向相抵触。所以一切法则之中的那条法则，就像《福音书》中的所有道德规矩一样，描述了最为完满的德性意向，然而它作为没有一个创造物能够

① 某些人想定为德性最高原理的自我幸福原则与这个法则形成奇特的对比。这个自我幸福原则的内容是：爱你自己甚于一切，但爱神及汝邻人乃为汝自己缘故。

达到神圣性的理想，仍然是我们应当接近并且在一个不断却无限的进程中为之努力的榜样。如果一个理性的创造物某一天达到了能够完全**乐意**去执行一切道德法则的层次，这无非就意指：在他心中，甚至连存在着引诱他去偏离这些道德法则的欲望的可能性都没有。因为克服这种欲望，就总是要主体舍己为人，还要求自我约束，亦即要求从内心强制去做他并不完全乐意做的事情。但是，任 84
何一个创造物决不可能达到道德意向的这个层次。因为它是一个创造物，因而就他为完全满足自己的状况所需要的东西而言，一向不是独立自足的，所以他就决不可能完全祛除欲望和禀好；因为后者依赖于身体的原因，所以不会自动地符合源泉与其迥然有别的道德法则；因此，鉴于这些欲望和禀好，创造物始终就有必要将其准则的意向建立在道德的强制性之上，而不是建立在甘愿的服从之上，建立在**要求**遵守法则的敬重之上，即便这种遵守不是出于乐意，而不是建立在那种并不担忧意志对于法则的内在拒绝的爱之上；但仍然使后者，亦即单纯对法则（它在此时也就不再会是**命令**，而同时在主观上渐入神圣性的道德性，不再会是**德行**）的爱成为他努力的恒常的、虽然达不到的目标。因为对于我们所尊重的、却又（由于意识到我们的软弱）畏惧的东西，由于更加容易适应它，敬畏就变成偏好，敬重就变成爱；至少这会是献身于法则的意向的完善境界，倘使一个创造物某个时候能够达到这一点的话。

这个考察在这里并不注重于达到对于前引《福音书》的命令的明白领会，以遏制对上帝之爱方面的**宗教热狂**，而是注重于直接就人的职责来确切地决定德性的意向，并且控制或可能的话预防那

种传染了许多个人的**单纯的道德狂热**。人类(按照我们全部的洞见,每一个理性的创造物)所立足的德性层次,乃是对于道德法则的敬重。那个致力于使创造物遵守道德法则的意向就是:应当出于职责,而不是出于自愿的爱慕,以及万不得已时出于无需命令的、自己乐意采取的努力来遵守道德法则;他能够时时居于其中的道德状态,乃是**德行**,亦即处于斗争之中的道德意向,而不是在臆想**拥有**的意志意向的完全**纯粹性**之中的**神圣性**。人们通过鼓励行
85 为来使心灵具有高尚、崇高、慷慨之感,他们因此而使心灵置于这样一种幻想之中:似乎构成他们行为的决定根据的东西不是职责,即对法则的敬重,而法则的**束轭**(因为这束轭是理性本身给我们套上的,所以依然是柔软的)不论乐意与否是他们**必须**戴上的,并且这个法则始终因为他们遵守它(**服从**它)而贬损他们;而且仿佛心灵不是期待那些行为出于职责,而是将它们作为单纯的功业来期待——这就是真正的道德热狂和过度自负。因为不仅通过以这样的原则仿效这样的业绩,他们丝毫没有满足法则的精神,而后者居于委质于法则的意向之中,而不居于行为的合法则性(无论其原则会是什么)之中,他们不仅把动力置于本能层面(同情或自爱里面),而不是置于道德层面(法则里面),而且他们以这样的方式制造了一种依违不定的、过分的和幻想的思维方式,以一种既无需鞭策亦无需控御的心灵志愿的良好来自许,而任何命令对这种心灵也是绝无必要的,于是忘却了他们的本分,正是这种本分而非功业原本是他们应当思考的。其他那些具有极大的牺牲精神并仅仅出于法则的缘故而做出的行为,也很可以在**高尚**和**崇高的**业绩的名义之下受到称赞,不过只有在存在着某些迹象可让人推测这种行

为完全出于对职责的敬重，而不是出于心血来潮的情况下，这才是可以的。但是如果有人把这些行为当作仿效的实例介绍给别人，那么对职责的敬重（作为唯一真正的道德情感）就必须被用作动力：这个严肃神圣的规矩，它不允许我们虚荣的自爱以本能的冲动（在它类似于道德性的范围内）来耍弄它，也不允许以**功业**的价值而自豪。只要我们搜寻一下，对于一切值得宣扬的行为，我们就会发现一个**发布命令**的职责法则，它不允许听任于那种可能满足我们偏好的东西。这是从道德上塑造心灵的唯一的表述方式，因为只有它才能营造坚固并精确规定的原理。

如果最一般意义上的**热狂**是指根据某些原理着意逾越人类理性的界限，那么**道德热狂**就是指逾越人类纯粹实践理性所确立的界限，而纯粹实践理性借此界限禁止将合乎职责的行为的主观决 86
定根据，亦即这种行为的道德动力置于别处，而不是置于法则本身之中，禁止将因此而被携入准则的意向置于别处，而不是置于对法则的敬重之中，它因而命令将那摧毁一切**傲慢**一切虚荣**自爱**的职责思想设立为人类一切道德性的无上**生活原则**。

倘若情况就是如此，那么不仅小说家或多愁善感的教育家（即使他们仍然那么竭力地反对多愁善感），而且有时连哲学家，甚至他们之中最严肃的哲学家，斯多亚派，都倡导**道德热狂**以替代清醒而明智的德性纪律，尽管后者的热狂较具英雄特色，前者较为平淡伤感；并且对于《福音书》中的道德学说，我们可以毫不虚伪、实事求是地照样说，它首先凭借道德原则的纯粹性，但同时凭借道德原则与有限**存在者**的局限相切合的性质，让人类的一切善行都委制于那放在他们眼前的职责的管教，这种职责不允许人们热衷于虚

幻的道德完满性；它同时为喜欢无视自己界限的自负和自爱设立了谦卑的限制（亦即自知之明）。

职责呵！好一个崇高伟大的名称。你丝毫不取悦于人，丝毫不奉承人，而要求人们服从，但也决不以任何令人自然生厌生畏的东西来行威胁，以促动人的意志，而只是树立起一条法则，这条法则自动进入心灵，甚至还赢得不情愿的尊重（无论人们如何并不经常遵守它），在这条法则面前，一切禀好尽管暗事抵制，却也无话可说：你尊贵的渊源是什么呢？人们又在何处找到你那与禀好傲然断绝一切亲缘关系的高贵谱系的根源呢？而人类唯一能够自己给予自身的那个价值的不可或缺的条件，就是出身于这个根源的。

这正好就是使人超越自己（作为感觉世界的一部分）的东西，就是将他与只有知性才能思想的事物秩序联结起来的东西，而这种秩序同时凌驾于整个感觉世界之上，凌驾于那与感觉世界一起
87 可以在时间里被经验地决定的人的此在以及所有目的的整体（只有它才切合于作为道德法则的无条件的实践法则）之上。它不是任何别的东西，只是人格而已，亦即超脱了整个自然的机械作用的自由和独立性，而这种自由与独立性同时还被看作是存在者委身于特殊的、即由他自己的理性所给予的纯粹实践法则的能力，于是，属于感觉世界的个人在同时属于理智世界的情况下，委质于他自己的人格。这样，人，由于属于两重世界，在与他自己第二重的和至上的天职相关联时，必定只以尊敬来注视自己的存在，必定以至上的敬重来注视这种天职的法则。

许多依照道德理念来标明各种对象价值的表述都依赖于这个渊源。道德法则是神圣的（不可侵犯的）。人的确是足够罪恶的，但在其个人里面的人道对于他必定是神圣的。在全部被造物之中，人所愿欲的和他能够支配的一切东西都**只能被用作手段**；唯有人，以及与他一起，每一个理性的创造物，才是**目的本身**。所以，凭借其自由的自律，他就是道德法则的主体。正是出于这个缘故，每一个意志，每一位个人都将他个人的、指向他自己的意志限制于这样一个条件：与理性存在者的**自律**符合一致，即不该使他委质于任何意图，假使这个意图不是依据由承受的主体本身的意志所产生的法则而可能的；这就是说，决不把这个主体单纯用作手段，若非同时把它用作目的。鉴于这个世界里的理性存在者无非都是上帝的创造物，这个条件我们甚至有权授予上帝的意志，因为这个条件依赖于理性存在者的人格，而唯有凭借这个**人格**他们才是目的本身。

这个唤起敬重的人格理念，将我们本性的崇高性（依照它的天职）陈于我们的眼前，同时让我们注意到我们的行动与它有欠切合，并且借此平伏自负，因此它甚至对于最为庸常的人类理性也是自然而然的和容易注意到的。难道不是每一个大致诚实的人都有时会发觉，他原本可以撒一个无关紧要的谎，以便使自己从某种恼 88
人的争执中脱身出来，或者只是为了某个可爱和可敬的朋友从中得益，却为了不致在他自己的眼中暗受鄙视而放弃了吗？一个身陷生活中极大不幸的正直人，只要他能够不顾职责，原本可以避免这个不幸，他之所以昂立不移，不就是意识到，他维护和尊重了他个人的以及他的尊严之中的人道，这样他就没有理由内疚和害怕内省了？这种慰藉不是幸福，丝毫不是幸福。因为没有人希望有如此遭遇，甚至也许不希望在那样的环境中生活一下。但是他活

着，并且无法忍受自己在自己的眼里不配生活下去。这种内心的宁静因而对于一切造成生命快乐的东西而言只是消极的。所以在个人状况的价值都已经完全离他而去了之后，它是对于失去个人价值的这种危险的防范。它是对某种全然有别于生命的东西的敬重的结果，经与后一种东西的比较和对照，生命及其一切愉快反而是全无价值的。他依然活着仅仅出于职责，而非因为他发现生命有一丝一毫的味道。

纯粹实践理性的真正动力就具有这样的性质；它无非就是纯粹道德法则自身，只要后者让我们觉察到我们自己的超感性存在的崇高性，并且从主观方面在人之中产生了对于人自己高级天职的敬重，而这些人同时意识到他们感性的此在，意识到与之联结在一起的对于他们那易受本能刺激的本性的依赖性。因为生活中有如此之多的刺激和惬意让自己与这个动力联结在一起，以至于甚至单是出于这个缘故，一个明智的、对于生活的极大福利反复斟酌的**伊壁鸠鲁派**也会做出聪明的选择，赞成德性的善行；并且将这种欢乐地享受生活的前景与那种无上的而自身充分的决定性的动机联结起来，也是可取的；但是，如果说到职责的话，那么这只是为了平衡恶习在另一方面所层见叠出的诱惑，而不是为了将真正的促动力量，哪怕其中的一丝一毫置于这种前景里面。因为情况倘使
89 如此，它就会在源头上污染了道德的意向。职责的尊严与生活的享受毫无干系；它有它特殊的法则，也有它特殊的法庭；无论人们仍然多么想把它们搅拌一番，从而将它们的混合物当作药剂递给有疾的心灵，它们却随即彼此分离，并且如果它们不分离，前者就毫无作用；而如果物质的生活因此就强劲起来，那么道德的生活就

会无可挽救地委靡下去。

纯粹实践理性分析论的批判性阐释

所谓对一门科学或其自成体系的一部分的批判性阐释，我是指研究如下一点并证明其正当性：当人们把这门科学与其他以类似的认识能力为基础的体系作比较时，它为什么必定有这样的而非其他的体系形式。现在实践理性与思辨理性，就两者都是**纯粹理性**而言，是以同样的认识能力为基础的。因此，两个体系形式之间的区别必须经由两者的比较来决定，而这种区别的根据也必须予以指明。

纯粹理论理性的分析论处理那些可以给予知性的对象的知识，所以必须从**直观**，因而（因为直观在任何时候都是感性的）从感性开始，不过从这里首先进到（这种直观的对象）概念，并且只有在先行处理这两者之后才可以**诸种原理**结篇。与此相反，因为实践理性并不处理对象以求**认识**它们，而是处理它自己（根据关于这些对象的认识）**现实地实现**这些对象的能力，亦即处理乃系一种因果性的意志，只要理性包含了这种因果性的决定根据；因为实践理性无需指定任何直观的客体，而是（因为因果性的概念任何时候都包含着与法则的关联，而法则决定了杂多在相互关系之中的实存）作为实践理性只需指定这些对象的一条**法则**：于是，实践理性分析论的批判，在它应当是实践理性（这是根本的任务）的范围内，就必须从各种先天的**实践**原理的**可能性**开始。唯有从这里出发，它才能 90
继进到实践理性的对象概念，也就是绝对的善和恶的概念，以求依照那些原理初次把它们给出来（因为先于那些原则，它们不可能通

过任何认识能力而作为善和恶被给予)，并且只有在这时候，最后一章，也就是关于纯粹实践理性与感性的关系，以及它对感性的必然而可先天地认识的影响那一章，亦即关于**道德情感**的那一章才结束了这一卷。这样，纯粹实践理性的分析论就以与纯粹理论理性完全类似的方式划分了其运用的所有条件的整个畛域，不过是以相反的秩序。纯粹理论理性的分析论划分为先验感性论和先验逻辑，相反，实践理性的分析论划分为纯粹实践理性的逻辑和感性论(如果允许我仅仅为了类比而在此处使用这个原本完全不适当的名称的话)，逻辑在理论理性那里又划分为概念分析论和原理分析论，而在此处则划分为原理分析论和概念分析论。在理论理性那里，由于感性直观的双重性质，感性论又有两个部分；而在此处感性完全不是被看作直观能力，而被单纯看作情感(它能够是欲求的主观根据)，而有鉴于此纯粹实践理性不许可进一层的划分。

这种析为两部分的划分以及次一层的划分没有在这里现实地(即使起初人们很可能为前一批判的例子引诱去做这样的尝试)实行，其理由是很容易明白的。因为这是**纯粹理性**，它是就其实践的运用，因而是从先天的原理而非经验的决定根据出发而被考察的：这样，纯粹实践理性分析论的这种划分结果必定就类似于三段论，也就是说，从**大前提**(道德原则)中的一般性的东西出发，经过包含在**小前提**里面的、把(作为善或恶的)可能的行为归属于那一般的东西之下的活动，继而进到**结论**，也就是主观的意志决定(对于实践上可能的善以及以此为基础的准则的关切)。这样一些比较会
91 使某个也许已经能够确信在分析论中所出现的各种命题的人，感到惬意；因为它们有理由引起如下的期望：有朝一日使人能够洞见

到整个纯粹（理论的和实践的）理性能力的统一性，并且能够从一条原则推论出所有一切来；这是人类理性无法避免的要求，因为理性只有在其各种认识彻底系统的统一性里才会得到完全的满足。

但是，如果我们现在也考察一下我们关于并且通过纯粹实践理性所能已经具有的认识的内容，一如纯粹实践理性的分析论所阐明的那样，那么在实践理性与理论理性之间引人注目的类似之外，我们还会发现同样引人注目的差别。就理论理性而言，先天的**纯粹理性的认识能力**可以凭借来自科学（在科学里面，人们不必担忧经验的认识根据像在一般的认识那里如此轻易地悄悄混杂进来，因为科学通过方法论的运用以如此之多的方式检验其原则）的实例相当轻易地和不言而喻地得到证明。但是，纯粹理性当是不掺杂任何经验的决定根据而单纯自为地实践的：这一点人们必须能够从**最普通的实践理性的运用**来予以阐明，因为这样一条人类的每一个自然理性都认识到其乃完全先天的、不依赖于任何感性材料的无上实践原理，被人们确认为他们意志的无上法则。人们必须首先依照这个原理渊源的纯粹性，即使以**这种普通理性的判断**，确立这个原理并且证明其正当性，然后科学才能掌握它以供应用，仿佛把它当作先行于所有关于其可能性和种种结论的争论的一个事实，而这些结论是可以从这个原理之中推断出来的。但是，这种情形可以由刚才的所述来很好地解释；因为纯粹实践理性必须从原理开始，而这些原理作为最初的材料必定被做成为一切科学的基础，而不能够首先从这些科学之中发生出来。但是，关于道德原则就是纯粹理性原理的正当性证明，也能够通过单纯诉诸于普通人类知性而妥当又充分可靠地完成，因为一切可能潜入我们 92

准则之中而作为意志决定根据的经验的东西，通过愉快或痛苦的情感**让人辨认出来**，盖缘这种情感就经验的东西刺激起欲望而言必然附着于经验的东西，不过，纯粹实践理性断然**拒绝**将这种情感作为条件采纳进自己的原则。（经验的与理性的）决定根据的异质性就通过在实践中立法的理性对一切彼此干涉的禀好的抵抗让人辨认出来，而这种抵抗依凭一种特殊的**感受**，但后者并不先行于实践理性的立法，而相反只有通过这种立法，确切地说作为一种约束才产生的，也就是说，通过对法则的敬重才产生的，没有人对无论何种禀好有这种敬重的情感，人们只对法则才有这种情感；这种异质性是如此突出昭著，以致任何一个人，乃至最为庸常的知性在某个陈于面前的例子里都会立即明了：虽然他可能会受愿欲的经验根据的怂恿去依从它们的诱惑，但决不能指望他去**服从**纯粹实践理性法则之外的任何其他法则。

区别由经验原则构成整个根基的**幸福论**与毫无经验成分的**道德论**，是赋予纯粹实践理性分析论的第一的和最重要的任务；这种区分必须像几何学家从事其工作那样**精确**，如果还可以说什么的话，也必须那样**挑剔地**进行。但是，哲学家在这里（就如在理性认识里面那样，总是通过单纯的概念，而非概念的构造）却有更大的困难需要克服，因为他不能将直观设置为（一个纯粹本体的）基础；他却也有一种方便之处，他几乎可以像化学家一样，任何时候对每个人的实践理性做一个实验，以将道德的（纯粹的）决定根据与经验的决定根据区别开来；当他把道德法则（作为决定根据）添加到受到经验刺激的意志（比如，那种因为撒谎能够有所获而乐意撒谎的意志）上去时，他就这样做了。这就像化学分析家把碱加入盐酸石灰溶液里面，盐酸立即脱离石灰，而与碱中和，石灰则沉淀到底部。同样，如果把道德法则持于一个原本诚实的人（或者他这一次仅仅想以诚实人自居）面前，凭这个法则他认识到撒谎者的卑鄙无 93
耻，——他的实践理性（通过判断什么是他应当做的事情）立即就抛弃那种好处，使自己与那种保持他对他自己个人敬重的东西（诚实）符合一致，而那种好处在被从理性（它现在是完全位于职责一边的）的所有附属物那里分离和清洗出来之后，人人都会加以衡量，以让它在别的情形里依然与理性联结起来，只是在它可能不利于道德法则的地方除外，因为理性决不离弃道德法则，而相反使自身与道德法则最为紧密地符合一致。

但是，幸福原则与德性原则的这种**区别**并不因此立即就成了两者的**对立**，而且纯粹实践理性并不希望人们应当放弃对于幸福的要求，而只是希望一旦谈到职责，人们应当完全**不瞻顾**幸福。从某些方面来考虑，关怀人们的幸福甚至可以是一种职责；这部分是因为幸福（敏捷、健康、财富均在其中）包含着实现人们职责的手段，部分是因为幸福的匮乏（比如，贫穷）包含着使人触犯职责的诱惑。单单对幸福的促进决不能够直接就是职责，更不是全部职责的原则。因为既然除了唯一的纯粹实践理性法则（道德法则）之外，意志的一切决定根据统统都是经验的，并且因此而属于幸福原则，所以它们必须统统从无上的德性原理那里分离出来，决不能作为条件而并入无上德性原理，因为这会取消一切德性的价值，恰如几何学的原理与经验的混和会取消一切数学的明证性一样，而后者乃是（依照**柏拉图**的判断）数学本身所具有的最为卓越的因素，它甚至优先于数学的所有功用。

若无纯粹实践理性的演绎，亦即若无对这样一种先天知识可能性的诠释，所能予以诠证的不外就是：如果人们洞见到一个有效原因的自由的可能性，那么人们肯定不仅仅洞见到作为理性存在者的无上实践法则的道德法则的可能性，而且完全洞见到其必然性，而对于这些理性存在者人们赋予以其意志的因果性的自由。因为这两个概念是如此须臾不可分地联结在一起的，所以人们也
94 能够通过意志对于除道德法则以外的任何东西的独立性来定义实践自由。不过，有效原因的自由就其可能性说是根本无法洞见的，在感觉世界里尤其如此。如果我们只是能够得到充分的保证，这种自由的不可能性无法证明，并且现在又由设定这种自由的道德法则强制去认定这种自由，也同样通过这个法则而得到证明有理由来认定这种自由，那就是万幸了！然而依然还有许多人始终相信他们能够依照经验的原则诠释这种自由，就如诠释任何其他自然能力一样，并且将自由看作心理学的特性，对它的诠释仅仅取决于关于**心灵性质**和意志动力的精确研究，而不是将它看作关于位居感觉世界（事实上这就是唯一的关键）的存在者的因果性的**先验**断定；这样，他们就取消了纯粹实践理性借助道德法则让我们遭逢的一次壮丽的启示，这就是通过自由这一原本系先验概念的实在化而对一个理智世界的启示；他们因此取消了完全不采纳任何经验的决定根据的道德法则本身；于是，这就有必要再加阐述以防范这个幻象，并把经验主义的浅薄赤裸裸地揭示出来。

与作为**自由**的因果性概念不同，作为**自然必然性**的因果性概念仅仅涉及物的实存，只要这个实存是**可以在时间中规定的**，从而作为现象与它的作为物自身的因果性相对照。如果人们把时间之

中物的实存的规定认作物自身的规定(这是人最为习惯的表象方式),那么因果关系之中的必然性根本就无法与自由结合起来;而且它们是彼此矛盾地对立的。因为从第一种因果性得出的结论是,在某一特定时间发生的每一个事件,从而每一个行为,都必然是以在前一时间之中发生的事件为条件的。既然过去的时间不再受我的支配,每一个我所实施的行为由于那些**不受我支配的**起决定作用的根据就是必然的,亦即我在我发生行为的那一个时间点上决不是自由的。的确,即使我同时假定我的整个实存是不依赖于任何外在原因(比如上帝)的,以至于我的因果性的决定根据,甚 95
至我的整个实存都完全不是在我之外的,这仍然丝毫不会将那种自然必然性变成自由。因为在每一个时间点上,我仍然始终居于那种必然性之下,即由不受我支配的东西决定去发生行为,并且部分在先的(a parte priori)事件的无穷系列是一条持续不断的自然锁链,我始终只有依照一种已经先行决定的秩序继续这个系列,而从不由自己肇始这个系列;这样,我的因果性也决不会是自由。

因此,如果人们赋予一个其此在乃在时间中被决定的存在者以自由,那么他们至少就其实存里面的所有事件而言,从而也就其行为而言,不能将这个存在者排除在自然必然性的法则之外;因为这样做无异于把这个存在者交付给盲目的机运。但是,因为事物的**此在**是**在时间里**被决定的,在这个范围内,这个法则不可避免地关涉事物的一切因果性,所以如果这是人们不得不据以来表象**这些事物本身的此在**的方式的话,那么自由就必定会作为一个虚无和不可能的概念被摒弃。因而,倘若人们还想拯救自由的话,那么只余下一种方法:将只有在时间中才能决定的事物,从而也把依照

自然必然性法则的因果性单单赋予现象，却把自由赋予作为物自身的同一个存在者。如果人们希望同时保存这两个互不相容的概念，那么这样做便是绝对不可避免的。不过在运用时，如果人们把它们诠释为结合在同一个行为里面，并这样来诠释这个结合本身，巨大的困难就会冒出来，这个困难看起来使得这种结合不可行。

倘若我就一个行过一次窃的人说：这件事依照因果性的自然法则是前一时间中的决定根据的必然后果，所以它不发生是不可能的。那么，依照道德法则的判断在这里如何能够做出改变并且设定：这件事原本是能够放弃不做的，因为法则说，它原本应当放弃不做的，亦即这个人在这个时间点上并且在这件行为上，他的确
96 居于无可避免的自然必然性之下，他在这个时间点就同一行为而言，如何能够被说成是完全自由的？一种可怜的权宜之计是从如下的说法中寻找托词的：人们只是使他那依照自然法则因果性的这类决定根据适合于一种**比较的**自由概念（按照这种说法，某种东西，如果其起决定作用的自然根据位于发生效力的存在者**之内**，有时就叫做自由的结果；比如，当一个抛掷物在自由运动时所完成的动作，在这里人们之所以用自由一词，乃是因为在这个抛掷物飞行期间，它未受到外在东西的推动；又譬如我们把一座钟的走动也称为自由运动，因为它自己推动它的指针，这个指针也无需外力的推动；一个人的行为，不论它是否当下就因在时间中先行于它的决定根据而是必然的，人们仍然称其为自由的，因为这些决定根据是内在的、由我们自己的力量产生的表象，是通过这种表象而在因缘时生的环境中引起的欲望，从而是由我们的喜好引起的行为），总是有一些人借此来敷衍塞责，以为用一种小小的文字游戏就已经解

决了这个困难问题，而为求其解决人们已经徒劳无功地工作了数千年，因而这种解决几乎不可能这样整个地从表面得到。事实上，在追问一切道德法则和与之相关的责任必定以之为基础的自由时，问题完全不在于：那个由自然法则决定的因果性，是否因位于主体之内或主体**之外**的决定根据而成为必然的，并且在前一种情形下，它是否因天性或因理性思考过的决定根据而成为必然的；如果照这些人所承认的，这些起决定作用的表象自身在时间中，确切地说在**前一个状态**中有其实存的根据，但这一个状态又在一个先行的状态里有其实存的根据，如此等等，那么这些决定根据可以始终是内在的，它们可以有心理学的而非机械的因果性，亦即它们可以通过表象而非身体的运动产生行为：这样，它们始终是某个存在者的因果性的**决定根据**，只要这个存在者的此在是可以在时间中决定的，因而是从属于过去时间里必然形成的条件的，而这些条件在主体要行动时也**不再受他的支配**；于是，这些决定根据虽然具有心理学的自由（如果人们的确想应用这个关于心灵种种表象的单纯内在连接的字眼的话），但仍然具有自然必然性，从而并未留下 97
任何**先验自由**，后者必须被思想为对于一切经验的东西因而对于一般自然的独立性，而不论它们被看作是单单在时间中的内感官的对象，还是被看作是既在时间中又在空间中的外感官的对象；没有这种乃系唯一先天实践的先验自由（在后一种真正的意义上），任何道德法则，任何依照道德法则的责任都是不可能的。正是出于这个缘故，我们确实能够把时间中依照因果性的自然法则的各种事件的所有必然性称作自然的**机械作用**，尽管我们这里的意思并不是说，委制于这种机械作用的种种事物实际上必定是物质的

机器。我们这里所检视的是种种事件在依照自然法则发展时，它们在时间系列中连接的必然性，我们可以把这种过程在其中出现的主体称为物质的自动机（Automaton materiale），因为在这里机器是由物质推动的，或者与**莱布尼茨**一样，把这种主体称为精神的自动机（Automaton spirituale），因为在这里机器是由表象推动的；倘若我们意志的自由无非就是后一种（比方说，心理学的和比较的，而非同时先验的，亦即绝对的）自由，那么这在根本上就会无异于旋转式烤肉叉的自由，它一旦让人上紧了发条，也会自动完成它的运动。

现在为了扬弃前面例子所述的同一个行为里面自然机械作用与自由之间的表面矛盾，我们必须回想一下《纯粹理性批判》里面所说过的话或从中推出的结论：这种无法与主体的自由并存的自然必然性，单单附着于对那居于时间条件之下的事物的决定，从而仅仅附着于对作为现象的行动着的主体的决定，这就是说，这个主体的每一个行为的决定根据都位于属于过去的时间并且**不再受他支配的**东西里面（他已经干下的事情，和在他看来因这些事情而可由他决定的品格，作为现象也都必须算在这种过去的时间和不再受他支配的东西之列）。但是，这在另一方面也意识到自己乃是物自身的同一个主体，也**在他的此在不居于时间条件之下的范围内**考察这个此在，但把自身仅仅看作可以由法则决定的，而这些法则是他自己通过理性给予自己的；在他的这个此在之中，没有什么东西对他来说是先行于他的意志的决定的，而他的此在的每一个行
98 为，以及一般而言，这个此在的每一个依照他的内感官变化的决定，甚至作为感觉存在者的他的实存的整个历史，在他理智实存的

意识里面都无非被视为后果，而决不被视为他那作为本体的因果性的决定根据。从这一点来考虑，理性存在者现在能够有权利就他干下的每一个违反法则的行为说：这个行为他原本能够放弃不做，尽管它同时作为现象是在过去的事情里被充分地决定了的，并且在这个范围之内是无可逃避地必然的；因为这个行为以及决定这个行为的所有过去的事情，都属于他自己所造成的他品格的唯一现象，并且依照这个品格，他把那些现象本身的因果性归于作为一个独立于所有感性的原因的他自身。

我们心中那个我们称为良心的奇妙能力的判决与这一点完全符合一致。一个人可以尽力矫揉以把他耿耿于怀的一件违反法则的事情粉饰为无意之举，粉饰为人们决不可能完全避免的过失，从而粉饰为某种他为自然必然性的洪流裹入其中的事件，因此把自己解释为清白无辜的：不过，如果他意识到他在犯下那过错的当下他原是清醒的，亦即原是正在使用他的自由的，那么他就会发现，为他辩护的律师根本不可能钳制他心中的原告之口；他虽然解释他的违法行为出于某种不良习惯，后者由于日积月累的疏忽放任竟养成到了这个地步：他能够把这个违法行为看作这个不良习惯的自然后果，但这并不能使他免于他施于自己的责备和警告。人们在每一次回想许久以前所行之事时而起的悔恨之情也是以此为基础的；这是一种由道德意向引起的痛苦感受，由于它无法有助于挽回已经形成的事件，所以在实践上是空洞的，甚至会是荒谬的（就如普里斯特利，一个真正的、始终不渝的宿命论者，也把这个说成是荒谬的一样，并且有鉴于他的坦诚，他比那些在事实上主张机械作用而在口头上主张自由的人更其值得赞许，因为这类人虽然

没能让人理解这样一种责任的可能性，却总是希望让人认为他们
99 已经把自由包括在他们折衷主义的体系里面了），但是这种悔恨之情作为痛苦仍然是完全合法的，因为当事关我们理智的实存的法则（道德法则）时，理性并不承认任何时间差别，而只是追问：这个事件是否作为行动而属于我，然后总是从道德上把它与这种感受结合起来，不管这个事件是刚才发生的，或是早已发生的。因为有鉴于对于感官生命的此在的**理智**意识（自由意识），**感官生命**具有绝对的法象统一性，而法象在它包含关涉道德法则的意向的种种单纯现象（品格的现象）时，是不应当依照那属于作为现象的它的自然必然性来判断的，而是应当依照自由的绝对自发性来判断的。因此人们可以承认：倘若我们能够对于一个人通过其内在以及外在行为显露出来的思想方式有那样深刻的洞察，以致其行为的每一个动力，即使最细微的动力，以及一切作用于这种动力的外在诱因都会为我们所认识到，从而人们能够像计算月食和日食那样确定地计算出人的未来举止，我们在这种情况下依然主张：人是自由的。如果我们对于同一个主体还能够有另外一种鉴识（但这当然是完全没有授予我们的，而代替它的，我们只有理性概念），也就是对这个主体的一种理智直观，那么我们就会明了：就那能够始终仅仅关涉道德法则的东西而言，现象的整个锁链依赖于作为物自身的主体的自发性，关于这种自发性的决定并不能够给出任何自然的解释。在缺乏这种直观的情况下，道德法则使我们确信：我们的行为，作为现象，和我们主体的感觉存在的关联，与这个感觉存在自身借此和我们心中的理智基质相连的关联之间是有区别的。——从这个对于我们的理性自然而然却无法解释的考虑来

看，那些极其认真地做出然而在乍看之下仿佛完全悖理的判断也就证明自己是正当的了。在某些情况下，有人纵然曾从亦施于他人的同样教育中受惠，却从儿童起就早露恶毒，并且变本加厉，直至成年，以致人们把他们看作天生的恶棍，并认为他们就事关思想方式而言乃是完全无可救药的；人们却仍然按照他们的所作所为 100
来评判他们，依然斥责他们对他们的恶行负有责任，甚至他们（儿童）自己也觉得这种斥责完全有根据，似乎他们与其他人一样依旧是负责任的，而不论他们那被断言为毫无希望的心灵的自然本性如何。这种情形之所以可能发生，乃是因为我们假定，一切由他们的意愿产生的东西（每一个有意实施的行为毫无疑问皆是如此）都有一个自由的因果性作为根据，这种因果性从少年时起就把他们的品格表现在他们的种种现象（行为）里面，而这种行为由于举止的类似性揭示了一种自然联系，但是这种联系没有使意志的邪恶性质成为必然，而相反是自愿服膺的恶的和不可改变的原理的后果，这些原理只是使这个意志更加卑鄙下流和更其应受惩罚。

但是，只要自由应当在一个属于感觉世界的存在者身上与自然的机械作用结合在一起，它就仍然面临一种困难：这种困难，纵使到此为止所述的一切都已为人认可，它仍然使自由处于彻底毁灭的威胁之下。不过，伴随着这种危险，有一种情况依旧给予了通向断定自由之幸运出路的希望，这就是说，这同一个困难更强有力地压迫（事实上如我们立刻就将看到的，仅仅）如下这个体系：在这里，可以在时间和空间中得到决定的实存被看作是物自身的实存；因此，这个困难并不强制我们放弃我们最紧要的先决条件，即作为感性直观的单纯形式，从而作为那属于感觉世界的主体所特有的

单纯表象方式的时间的观念性，也就是只要求把这个先决条件与自由这个理念结合起来。

如果人们向我们承认，理智主体就一个被给予的行为而言仍然能够是自由的，尽管相对于同一个行为而言，它作为也属于感觉世界的主体，又是以机械作用为条件的，然而只要人们认定，**上帝**作为普遍的原初存在者也是**实体实存的原因**（这个命题是决不容许放弃的，否则作为一切存在者之存在者的上帝概念，以及神学中为一切所依赖的上帝的全足，亦需一起放弃），那么看来人们的确
101 必须承认：人的行为在**那种完全不受他支配的东西**里，也就是在一个与他全然有别的、他的此在和他的因果性的整个决定完完全全以之为依靠的至上存在者那里，有其决定根据。事实上，人的行为，在它属于时间之中的人的规定的时候，不但是作为现象的人的规定，而且是作为物自身的人的规定，那么自由便会是无法拯救的了。人就会是由至上匠师（dem obersten Meister aller Kunstwerke）制作和上紧发条的一个木偶或一架沃康松式的自动机，并且自我意识虽然使他成为一架思想着的自动机，但如果自发性被认为是自由的话，那么在这里，关于自动机自发性的意识就会是一个幻觉；盖缘它只是就比较而言配称自由，因为它运动的最近的决定原因以及逐次决定它们的一长系列原因虽然是内在的，但最终和最高的原因仍旧完全在一只外来的手中。因此，我无法明了，那些仍然始终坚持要把时间和空间视作属于物自身的此在的规定的人，将如何在这里避免行为的宿命；或者，当他们如此直截了当地（如原本敏锐的**门德尔松**所做的那样）承认两者是必然属于有限的和派生的存在者实存的条件，而不是必然属于无限的原初存在者

实存的条件，我就无法明了，他们将如何为自己辩护，他们从何处获得做出这种区别的权利；甚至我也不明了，当他们把时间之中的此在视作必然依赖于有限的物自身的规定时，他们将如何规避他们造成的矛盾，因为上帝是这种此在的原因，但它仍然不可能是时间（或空间）本身的原因（因为时间和空间必须被设定为物之此在的先天必然的条件），从而上帝的因果性有鉴于这种物的实存甚至必须是以时间为条件的，这样一来，与上帝的无限性和独立性概念的一切矛盾必定都不可避免地登场了。与之相反，将独立于一切时间条件的上帝实存的规定与一个感觉世界的存在者的规定，也就是把一个**存在者自身的实存**与一个在**现象之中的物**的实存区别开来，对我们来说是轻而易举的。因此，如果人们不承认时间和空
间的那种观念性，那么所余下的就只有**斯宾诺莎主义**了，在后者那 102
里，空间和时间乃是原始存在者本身的本质规定，但依赖于它的物（我们本身也）不是实体，而仅仅是寓于实体之内的偶性；因为如果这种物仅仅作为实体在**时间之中**的结果而实存，而时间是这些物的实存本身的条件，那么这种存在者的行为也必定是这个实体在某个地方某个时间内实施的行为了。因此，斯宾诺莎主义的基本观念虽然荒谬，它的推论却远比创造论所能做的推论简明，因为在后者，这个被当作实体的和自在地**实存于时间之中**的存在者被视为一个无上原因的结果，却未同时被看作属于它和它的行为，而只是被看作自为的实体。

下述方式简单明了地解决了上面所思考的困难。如果**时间之中**的实存是世界之中思维着的存在者单纯的感性表象方式，从而并不关涉作为物自身的这类存在者：那么创造这类存在者就是创

造物自身，因为创造的概念不属于实存的感性表象方式和因果性，而只能与本体相关。因此，当我就感觉世界的存在者说，它们是被创造的时，那么我只是把它们看作本体而已。就如说上帝乃是现象的创造者是一个矛盾一样，说上帝作为创造者乃是感觉世界的行为因而作为现象的行为的原因，而它同时也是行动着的存在者的此在（本体）的原因，也同样是一个矛盾。倘使现在有可能（如果我们仅仅承认时间之中的此在是某种单单作为现象，而不作为物自身的东西）断定自由而无损于作为现象的行为的机械作用，那么行动着的存在者是创造物这个情况，在这里能够丝毫不更动这个断定，因为创造涉及创造物的思维实存，但不涉及它们的感觉实存，并且因而也不能够被视为现象的决定根据；但是，如果世界的存在者作为物自身实存于**时间之中**，事情的结果便会完全不一样，因为实体的创造者就会同时是这些实体的全部机械作用的推动者。

103 纯粹思辨理性批判所完成的时间（以及空间）与物自身的实存的分离，就具有这样巨大的重要性。

但是，人们会说，这里所阐述的解决这个困难的方法本身仍旧具有许多繁难，难以有其清晰的表述。然而难道人们曾经尝试过的或可能会尝试的其他解决方法有更容易和更易领会的吗？我宁愿说，形而上学独断的教师们挪移这个难点使之尽可能远离人们的视线，希望他们倘使根本不谈及这个难点，大概也就无人会轻易想到它，他们在这里所表现的与其说是坦诚，毋宁说是滑头。如果科学应当得到促进，那么一切困难就必须**揭示出来**，甚至那些尚隐藏在科学道路之中的困难也必须**搜索出来**；因为每一种困难都唤起一种辅助手段，而这种手段不可能被发现而不造成科学无论在规模方面还是在精确性方面的增长，这样一来，甚至连各种障碍都成了科学彻底性的促进手段。相反，如果困难被着意地掩盖起来，或者只是用止痛剂消去，那么它们或迟或早要爆发为无可救药的祸害，后者使科学毁灭于彻底的怀疑主义。

*　　　*　　　*

因为在纯粹思辨理性的所有理念之中，从根本上来说，正是自由概念独独在超感性领域造成了这样广大的拓展，尽管仅仅是实践认识的扩展，所以我反躬自问：**为什么独独给予自由概念以如此巨大的丰衍性**，而其余的概念虽然能够标明纯粹可能的知性存在者的空位，但却不能通过任何东西决定那些存在者的概念。我立刻就明白：因为没有范畴我不能思维任何东西，所以我必须首先在我现在所研究的理性的自由理念里找出这个范畴，它在这里就是因果性范畴；我还明白，尽管对于作为逾界概念的自由这个**理性概念**没有什么相应的直观能够置为它的基础，理性概念对于（因果性的）**知性概念**的综合要求无条件者，但感性直观仍然必须首先被给予这个知性概念，通过感性直观知性概念才确保有客观实在性。104
现在，一切范畴都分成了两类，即单单从事于客体表象中的综合统一性的**数学范畴**，和从事于客体实存表象中的综合统一性的**动力学范畴**。第一类范畴（量和质的范畴）任何时候都包含**齐一的东西**的综合，在这类综合里，对于在感性直观里被给予的空间和时间之中的有条件者，决不可能找出一个无条件者来，因为无条件者必须又再从属于空间和时间，并因而又必须始终是有条件的；因此在纯粹理论理性的辩证论里，为它们寻求无条件者和条件总体的两种

相互对立的方式都是错误的。第二类范畴（事物的因果性和必然性范畴）完全不要求（有条件者和条件在综合中的）齐一性，因为这里所应当表象的不是直观如何由其中的杂多构成，而仅仅是与直观相应而有条件的对象的实存如何（在知性里面而与知性相连接）增加到条件的实存上去；这样，我们就可以为感觉世界里面彻底的有条件者（既就因果性而言，又就事物本身的偶然的此在而言）设置一个思维世界之中的、尽管未经规定的无条件者，并且使综合成为超验的。于是，因为人们在纯粹思辨理性辩证论里面也发现，为有条件者寻找无条件者的两个表面上相互对立的方式，比如，在因果性的综合中，为感觉世界里面原因和结果系列中的有条件者设想一种不再以感性为条件的因果性，事实上并不相互矛盾；人们还发现，一个行为在属于感觉世界时始终是以感性为条件的，亦即是机械地必然的，同时，在那行动着的存在者属于理智世界的情形下，而这同一个行为属于这个存在者的因果性时，仍旧能够有一种不以感性为条件的因果性作为其基础，从而能够被思想为自由的。现在重要的事情单单在于，这个**能够**会转化成**存在**，亦即在一个现实的事例里，人们仿佛能够通过事实证明，某种行为是以这样一种因果性（理智的、不以感性为条件的）为先决条件的，无论它现在是现实的，还是仅仅是受命的，亦即在实践上是客观必然的。在作为感觉世界的事件而在经验中被给予的现实的行为上面，我们不能
105 期望遇见这种联结，因为源于自由的因果性必定总是在感觉世界之外的理智世界里面找到的。但是，感觉存在者以外的其他事物并未为我们所知觉和观察到。这样，所余留下来的无非就是：一条无可辩驳而且客观的因果性原理被发现了；这条原理从它的决定

那里排除一切感性条件，亦即它是这样一条原理，在其中理性就因果性而言不再引证其他东西以为决定根据，而是理性通过这条原理本身就包含着决定根据，并且在这里理性作为纯粹理性本身就是实践的。但是，这个原理无需求索无需发明；它长久以来就在所有人的理性之中，与人的存在融为一体，是德性的原理。于是，那种无条件的因果性和这种因果性的能力，自由，连同既属于感觉世界同时又属于理智世界的存在者（我自己），就不仅以无决定的和成问题的方式被思想（思辨理性查明这个说法是适宜的），而且甚至就自由的因果性法则而言以有规定的和确实的方式被认识到，这样理智世界的现实性就以决定的方式被给予了我们，更确切地说是就实践的瞻顾而言被给予我们的，这种决定从理论的目的来看会是超验的（逾界的），而从实践的目的来看则是内在的。但是就第二个动力学的理念而论，也就是就一个必然的存在者的理念而论，我们就不可能迈出这一步。若无第一个动力学理念居间，我们便不能从感性世界来到这个必然存在者上面。因为我们若曾想一试，那么我们必然就已经敢于一跃，舍去那给予我们的一切，荡入一个任何东西都未给予我们的境地，而借这些东西我们才能够从中促成这样一个理智存在者与感觉世界的联结（因为必然的存在者当被认识到是在我们之外被给予的）；与之相反，就如当下所阐明的那样，这一点就我们自己的主体而言是完完全全可能的，只要这个主体一方面通过道德法则将自己规定（借助自由）为理智的存在者，另一方面，它认识到自己是依照感觉世界里面的决定而活动的。唯有自由概念允许我们无需逾出我们之外而为有条件者和感性的东西寻得无条件者和理智的东西。因为正是我们的理性本

106 身通过至上的和无条件的实践法则认识到自身，和那意识到这个法则的存在者（我们自己的人格），属于纯粹的知性世界，更确切地说，甚至连带认识到它作为这样的存在者如何能够活动的决定方式。这样，我们就自会领悟，为什么在整个理性能力里面**唯独实践能力**才是这样一种能力：它帮助我们超越感觉世界，为我们谋得关于超感性的秩序和联结的认识，但也正出于同样的原因，这种认识所能扩展的程度自然止限于为纯粹实践的意图所必需的范围。

若蒙允许，我还要借此机会提醒一事，这就是我们在处理纯粹理性时所走的每一步，甚至在我们全不瞻顾精微思辨的实践领域之中，仍旧那么精确并且自发地与理论理性批判丝丝入扣，仿佛每一步都是经过审慎仔细的考虑而单单为理论理性批判求得证明的。实践理性最重要的命题与常常显得太过精微和不必要的思辨理性批判的评论之间这样一种无法寻求、而是（就如只要人们想把道德探索追溯到道德的原则上面，人们自己就能够相信）自发地产生的严密切合，出人意料而使人诧异不已，并且强化了已为别人认识到和称赞过的准则：在每一项科学研究里面，我们当以尽可能的精确和坦诚推进我们的事业，不费神于它在自己领域之外可能遭遇的障碍，而只是尽我们的所能真正和彻底地完成这个研究本身。经常的观察已经使我们相信，当人们完成这样的劳作时，那在中途在我以外的其他学说看来有时显得相当可疑的东西，在我把这种可疑性置之脑后，单单注意我的事业直至这个事业的完成之时，最终出乎人意料地与毫不顾及那些学说，毫无对于这些学说的偏袒和成见而独自地发现的东西完全符合一致。著作家们如果能够决

心以更多的坦诚来从事工作，他们就会免除许多错误，省却许多徒劳的辛苦(因为这些辛苦付之幻觉了)。

107 第二卷　纯粹实践理性辩证论

第一章　纯粹实践理性辩证论概论

无论我们从其思辨的应用或从其实践的应用来考察纯粹理性，纯粹理性任何时候都有其辩证论；因为它对所与的有条件者要求绝对的条件总体，而后者从根本上说只能在物自身那里找到。但是，因为一切物的概念必须与直观相关联，而直观在我们人类身上永远只能是感性的，从而令对象不是作为物自身，而是单单作为现象被认识；在有条件者和条件的现象系列之中，无条件者是决不可能为人见及的，于是，条件总体（从而无条件者）这个理性理念运用于现象时，一个无可避免的假象产生了：仿佛现象是事物本身（因为若无警戒性的批判，它们总是被这样看待）；但是，由于理性在将其为一切有条件者设定无条件者的原理运用于现象时的**自相冲突**，这个假象自行暴露，倘非如此，它原本是决不会被人看出它的虚假的。不过理性被迫去追究这个假象的根源：它从什么地方产生，它如何能够被消除；这只有通过彻底批判整个纯粹理性能力才能达到，别无他途，所以在理性的辩证论里面彰显出来的纯粹理性的二律背反，事实上乃是人类理性向来所能陷入的最富裨益的困境；因为它最终驱使我们去寻求走出这个迷宫的线索，而这个线索一经发现，还会揭示出我们并不寻求却仍然需要的东西，也就是

对于事物的一种更高而不变化的秩序的展望；我们现在已经处于这个秩序之中，而且我们从现在起能够受确定的规矩之命依照至 108
上的理性决定在这个秩序之中继续我们的此在。

在纯粹理性的思辨应用中，那种自然的辩证法如何得到解决，那个出于原系自然假象的错误又如何加以预防，人们能够在那个能力的批判里面实见其详。但是理性在其实践应用时的情况并不稍稍好些。作为纯粹实践理性，它同样为实践上有条件者（那些依赖于禀好和自然需求的东西）寻求无条件者，虽然不是以其为意志的决定根据，而是在它业经（在道德法则之中）给予之后，以其为纯粹实践理性*客体*的无条件的总体，而名称是**至善**。

从实践上，亦即为了我们的理性举止的准则，充分地规定这个理念的，是*智慧学说*，而作为一门*科学*，这种学说在古人所理解的这个词的意义上便是*哲学*，后者在古人那里原是对至善借以措身的概念以及对至善借以获致的行为的诠论。倘使我们让这个词维持其古代意义，作为一门*至善的学说*，这当是不错的，只要理性致力于使其成为一门*科学*。因为一方面，这个附加的限制条件会切合于希腊文的措辞（它意谓爱*智慧*），同时也会足以在哲学的名义下包含对*科学*之爱，从而包含对理性一切思辨认识之爱，只要它有助于理性既达到那个概念又达到实践的决定根据，而且又不让忘却它之所以独独能够被称为智慧学说的主要目的。另一方面，如果我们通过定义向那种胆敢以哲学家自居的人提出将大大挫折他的要求的自尊标准，那么吓阻他的自负也无不利之处。因为做一位*智慧教师*的含义远胜于做一名学生，后者毕竟尚不足于以达到这么高的目标的确切期待来指导自己，更未遑指导他人；它应当意

指智慧知识的大师，这句话所要说的意思，比一个谦虚的人以为自
109 己所具有的东西要多；哲学以及智慧本身还会保持为一个理想，在客观上这个理想只有在理性之中得到完全的表现，但在主观上对于个人来说，仅仅是他无可逃避的奋斗；而且唯有这样的一个人才有正当的权利在自居的哲学家称号之下宣称拥有这个鹄的：他能够表明智慧不容置疑地作用于（在控制他自己方面，以及他对于普遍的善优先怀有的无可怀疑的关切方面）他的作为榜样的人格，而这也是古人为了能够获得那个尊称所要求的东西。

就纯粹实践理性的辩证论在规定至善概念（这个规定，一俟实践理性辩证论的解决成功，就恰如理论理性辩证论的解决一样，让人期待最为宜人的结果，其条件是，径直托出而不加掩饰的纯粹实践理性的自身矛盾，迫使人们对其自身的能力予以彻底的批判）这一问题方面而论，我们只有一点尚须预先提醒。

道德法则是纯粹意志的唯一决定根据。但是，因为这个法则是单纯形式的（这就是说，它单单要求准则的形式是普遍立法的），所以它作为决定根据抽掉了一切质料，从而抽掉了愿欲的一切客体。因而，虽然至善始终可以是纯粹实践理性的整个对象，亦即纯粹意志的整个对象，它却仍然不能因此被当作纯粹意志的决定根据；唯有道德法则必须被看作是使至善及其实现或促进成为客体的根据。这个提醒在决定德性原则这样微妙的场合下事关重大，在这里甚至最细微的误解就败坏意向。因为我们从分析论已经看到，倘若我们先于道德法则就在善的名称之下认定随便一个客体作为意志的决定根据，然后从其中推出无上的实践原则，那么这个实践原则随后总是会带来他律，排挤道德原则。

但是，不言而喻的是，倘若道德法则作为无上的条件已经包含在至善的概念里面，那么不单至善是一个**客体**，而且它的概念和它通过我们实践理性而可能的实存的表象同时就是纯粹意志的**决定** 110
根据；因为，事实上正是已经包含在这个概念里面并且被一同思想的道德法则，而不是别的对象依照自律的原则决定意志。关于意志决定的概念的这种秩序不应当忽视；因为否则我们会误解自己，并且在一切都处于彼此极其和谐的地方，以为陷入了自相矛盾。

第二章　纯粹理性在决定至善概念时的辩证论

至上这个概念已经包含歧义，如果人们对此不加注意，这种歧义就能够引起无谓的不休争论。至上既能够意指无上的东西（supremum），也能够意指完整的东西（consummatum）。前者是这样一种条件，它自身是无条件的，亦即不委质于任何其他条件（originarium）；后者是这样一种整体，它不是某个更大的同类整体的一个部分（perfectissimum）。在分析论中已经证明：**德行**（作为得到幸福的配当）是所有向我们显现为值得想望的东西的**无上条件**，从而也是我们对于幸福的全部追求的无上条件，因而也就是**无上的善**。但是它并不因此就是整个的和完满的善，而作为有限的理性存在者的欲求能力的对象；盖缘为了成就至善，还需要加上**幸福**，这不仅在将自己当作目的的人那有偏私的眼里是需要的，而且在将世界上一般之人视作目的本身那无偏私的理性判断之中也是需要的。因为需要幸福，也配当幸福，却仍然享受不到幸福，这可能与一个理性而同时全能的存在者的完满愿欲是完全不相符的，即

使我们仅仅为了试验而设想这样一个存在者。既然德行和幸福一起构成了一个人对至善的拥有，但与此同时，与德性（作为个人的价值和得到幸福的配当）极其精确地相比配的幸福也构成了一个
111 可能世界的至善：所以至善意指整体，意指完整的善，在这里德行作为条件始终是无上的善，因为后者在自身之上不再有条件。幸福总是这样一种东西，虽然对于拥有它的人是愉悦的，但就它自身而言并不是绝对地和在所有方面善的，而是在任何时候都以道德上合乎法则的举止为先决条件。

两种必然地联结在一个概念里的规定必定是作为根据和结果连接在一起，尽管这种统一性或者依照同一性法则而被看作分析的（逻辑的连接），或者依照因果性法则而被看作综合的（实在的联结）。因此，德行与幸福的这种连接就可以作两种理解：或者成就德行的努力和对幸福的合理谋求原非两种个别的行为，而是完全同一的行为，因为在这里前者无需用与后者所需的准则不同的准则设为根据；或者那种连接被放置在如下一点上：德行将幸福作为某种与德行意识不同的东西产生出来，犹如原因产生结果。

在古希腊各学派中，从根本上说，唯有两派在规定至善概念时遵循同样的方法，但这只限于他们不让德行和幸福被当作至善的两种不同元素，从而依照同一性规则寻求原则的统一性；但是在这里他们却又分道扬镳了：他们在两者之中分别选择了不同的根据概念。伊壁鸠鲁派说：意识到自己的导致幸福的准则，这就是德行；斯多亚派说，意识到自己的德行，就是幸福；对于前者来说明智就等于德性，后者给德行选择了一个尊称，对于他们来说，唯有德性才是真正的智慧。

我们不得不惋惜，这些人（我们同时也赞叹，他们在那么早的时代就已想尽种种办法以求哲学的扩张征服）的敏锐机智被用来在两种截然各类的概念，即幸福概念和德行概念之间思索同一性。然而，这原是契合他们那个时代的辩证精神的，即着力把原则之本质的和不可调和的差别化为措辞之争，从而从表面上捏造出单单在不同命名之下的概念的统一性，借此扬弃这种差别，这种精神时至今日还在诱惑那些精细的头脑。它通常发生在下列场合：互不 112
相同的根据之间的结合过于深奥或高妙，或者原本为哲学体系采纳的学说需要彻底改造，以致人们不敢深入检视实在的差别，而宁愿把它作为单纯表述方面的分歧来对待。

因为这两个学派都着力思索德行与幸福的各种实践原则之间的同样性，所以他们在如何强致这种同一性上面也并不因此是彼此一致的，相反倒是有霄壤之别的；因为一派把它的原则置于感性的层面，另一派则置于逻辑的层面，前者把原则置于感性需求的意识之中，后者把原则置于实践理性对于一切感性决定根据的独立性里面。依照**伊壁鸠鲁派**，德行概念已经居于促进他自己的幸福的准则里面；相反，依照**斯多亚派**，幸福的情感已经包含在关于他的德行的意识之中。但是，凡包含在另一个概念之中的东西，虽然与能包者的部分相同，但并非与其整体合而为一；再者，两个整体即使由同一种材料组成，倘若两者之中的部分以全然各异的方式联结成一个整体，它们彼此仍然是有特殊的区别的。斯多亚派主张，德行是**整个至善**，幸福仅仅是意识到拥有德行属于主体的状态。伊壁鸠鲁派主张，幸福是**整个至善**，德行仅仅是谋求幸福的准则形式，亦即合理地应用谋求幸福的手段的准则形式。

但是，分析论表明，德行的准则与个人的幸福准则就它们的无上实践原则而论是完全各类，远非一致的；它们虽然同属一个至善而使之成为可能，却在同一个主体之中竭力相互限制，相互妨碍。于是，无论迄今为止一切结盟的努力如何，至善在实践上是如何可能的？这个追问始终还是一个未解决的任务。但是，使它成为一个难以解决的任务的东西是什么，已在分析论里面被给予了，这就是，幸福和德性是至善的两种在种类上完全相异的元素，从而它们
113 的联结是不可能以分析的方式被认识到的（犹如一个寻求幸福的人通过单单解析其概念就会在其举止里面发现自己是有德行的，或者一个依循德行的人就会在关于这样一种举止的意识中发现自己鉴于这个事实[ipso facto]已经是幸福的了），而是两个概念的综合。但是因为这种联结为人认识到是先天的，从而是实践上必然的，而不是从经验里面推论出来的，并且至善的可能性因此也不依赖于任何经验的原则，所以这个概念的演绎必须是先验的。通过意志自由产生至善，这是先天地（在道德上）必然的；因此至善可能性的条件也必定单单依赖于先天的认识根据。

一　实践理性二律背反

在对于我们系实践的，亦即通过我们的意志而实现出来的至善里面，德行和幸福被思想为必然地联结在一起的，因此，实践理性若不能够认定其中一项，另一项也就不属于至善。现在这种联结（与每一个一般的联结一样）或者是分析的，或者是综合的。但是，因为这个被给予的联结不能够是分析的，就如前面刚刚指明的那样，所以它们就必须被思想为综合的，甚至思想为原因与结果的

连接;因为它关涉实践的善,亦即通过行为而可能的东西。于是,
或者追求幸福的欲望必须是德行准则的动机,或者德行的准则必
须是幸福的有效原因。第一种情形是绝对不可能的:因为(就如在
分析论里面已经证明的)把意志的决定根据置于对幸福的渴求之
中的准则,是完全非道德的,不能够为任何德行建立基础。但是,
第二种情形也是不可能的,因为世界上一切原因和结果的实践连
接,作为意志决定的后果,并不取决于意志的道德意向,而取决于
自然法则的知识以及把它们用于这个意志的目标的自然能力,从
而通过一丝不苟遵循道德法则[而成就的]幸福与德行之间必然的 114
和足以达到至善的连接,在这个世界上是无法指望的。现在,因为
至善在其概念里面包含着这种联接,而促进至善是我们意志的一
个先天必然的客体,并与道德法则不可分割地联系在一起的,所以
前者的不可能性也就证明了后者的虚妄。于是,倘若至善依照实
践规则是不可能的,那么命令去促进这种至善的道德法则也必定
流于幻想,指向空洞想象的目的,从而本身就是虚妄的。

二　实践理性二律背反的批判扬弃

在纯粹思辨理性的二律背反里面,在世界上事件的因果性的自然必然性与自由之间存在着类似的冲突。这个冲突已由如下的证明消除了:如果人们把种种事件乃至事件在其中发生的世界(一如人们所应当的那样)仅仅视作现象,那么就没有真正的冲突;因为这同一个发生行为的存在者作为现象(甚至在其自己的内感官之前)具有感觉世界之中的因果性,后者在任何时候都是符合自然机械作用的,但是就同一个事件而论,只要发生行为的个人同时视

自己为**本体**(作为在他那不受时间决定的此在之中的纯粹理智存在者),他就能包含那种依照自然法则的因果性的决定根据,而后者本身是不受任何自然法则支配的。

当下的纯粹实践理性二律背反的情形也是一样。两个命题中的第一个:追求幸福产生了有德行的意向的根据,是**绝对虚妄的**;但是,第二个命题:德行意向必然产生幸福,不是**绝对虚妄的**,而只是在这种意向被视作感觉世界中的因果性形式的范围内,从而在我认定这个世界的此在为理性存在者实存的唯一方式的范围内,才是虚妄的,因而它仅仅是**有条件地**虚妄的。但是因为我不仅有权把我的此在思想为一个知性世界中的本体,而且甚至在道德法

115 则上面具有(感觉世界里)我的因果性的纯粹理智的决定根据,所以,意向的德性作为原因与作为结果的幸福有一种若非直接也系间接(借助于一个理智的自然创作者)而必然的联系,这并非是不可能的;这种联结在系单纯感觉客体的自然里面无非是偶然地发生的,而不能够达到至善。

这样,尽管实践理性这种表面上的自相冲突,至善,这个在道德上受决定的意志的必然而至上的目的,是实践理性的真正客体;因为它在实践上是可能的,并且在质料方面与至善相关的这种意志的准则具有客观实在性,而那在德性与幸福依照一条普遍法则联结时的二律背反,使这种客观实在性起初就受到一击,不过这出于一种单纯的误解,因为人们把现象之间的关系当作物自身与这些现象之间的关系。

如果我们发现自己被迫这样遥远地,也就是在与理智世界的连接中寻求至善的可能性,而至善乃是理性为一切理性存在者标

定的他们所有道德愿望的目标，那么，古代和现代的哲学家居然能够在**今生**（在感觉世界里）已经找到了与德行完全比配的幸福，或已经能够让自己相信意识到了这种幸福，这就必定令人诧异了。因为**伊壁鸠鲁**以及**斯多亚派**都把自德行生活意识里产生的幸福高扬于一切东西之上，而且前者在其实践规矩方面并没有那样卑鄙，即使人们可以从他那些用于解释而非用于行为的理论原则里面，或者从那些受他以快感一词代替满足一词误导的许多人所解释的理论原则里面，做出如此推论；相反，他把毫不自私的行善算作享受赏心乐事的方式，并且恰如最严格的道德哲学家始终所要求的那样，禀好的知足和节制同属他的愉快（他借此所理解的是经常欢乐的心情）的纲领。他与斯多亚派分道扬镳的主要之点仅仅在于：他在这种愉快里面安置了动机，而斯多亚派正确地拒绝这一点。因为一方面，有德行的伊壁鸠鲁也像目下许多爱好道德却对他们 116
的原则并无足够深入反思的人一样，陷于如下的错误：他设定，他原想要为之指定趋于德行的动力的人具有德行的**意向**（事实上，品行端正的人如非首先意识到自己的品行端正，他就不可能发觉自己是幸福的；因为由于具有那种意向，他在犯规时他自己的思想方式会迫使他做的自责，以及道德上的自谴，就会剥夺他对愉悦的所有享受，而他的境况原本是可以包括这种愉悦的）。不过，问题是：这样一种意向，这样一种评价他此在的价值的思想方式是如何可能的？因为先于这种意向和思想方式，在主体之中完全不会有任何对于一般道德价值的情感。一个人如果是有德行的，而在每一件行为里面都未意识到自己的品行端正，当然不会感受到生活的乐趣，而无论在生活的物质境况方面他是如何的走运。但是，难道

为了首先使他成为有德行的人，便在他尚未如此之高地估价他实存的道德价值之前，人们就能够恰当地向他推荐那从品行端正的意识中产生出来而他对之尚无感觉的宁静心境？

但是，另一方面，这里始终存在着虚报事实的错误（vitium subreptionis）的根据，存在着仿佛这样一种视觉幻象的根据：人们自己意识到他们的所行有别于他们的所感，这是连最富经验的人都无法避免的。道德意向直接通过法则与意志决定的意识必然地联结在一起。现在，关于欲求能力决定的意识始终是对于由这种决定所产生的行为觉得惬意的根据；但是，这种快乐，这种自得的惬意，不是行为的决定根据，而单单直接通过理性的意志决定才是快乐情感的根据，并且这一向是欲求能力的一种纯粹实践的决定，不是感性的决定。因为现在这种决定在内心造成的推进活动的结果，恰与所期待于被欲求的行为的愉悦情感会造成的结果一样，所以我们容易把我们自己的所行之事看作我们单纯被动的所感之

117 情，并且将道德的动力当作感性的冲动，就如它每次在所谓（在这里，内）感官的幻觉中发生的那样。直接受纯粹理性法则的决定去行动，乃是人的本性里面非常崇高的东西，甚至把理智对于意志的可决定性的主观因素视作某种感性的东西，视作某种特定的感性的情感（因为理智的情感会是一种矛盾）的结果这样一种幻觉，也是人的本性里面非常崇高的东西。关注我们人格的这种品性，尽可能最好地培植理性对于这种情感的作用，也是相当重要的。但是，我们也必须提防人们将特定的欢乐情感置为这种作为动力的道德决定根据的基础（它们其实只是后果），从而以对这种决定根据妄加过誉，一如借助虚幻的泡沫，来贬低和丑化真实纯正的动

力，即法则自身。于是，敬重，而非愉悦或享受幸福才是这样一种东西，对于它不可能存在一种构成理性的基础并且**先于**理性的情感（因为这总是感性的和本能的）；敬重作为法则对意志的直接强制性的意识与快乐情感几无类似之处，虽然在与欲求能力的关系之中它造成了同样的情感，却出于不同的源泉；但是通过这种表象方式我们才能达到我们所寻求的东西，也就是说，行为之发生不仅合乎职责（按照适意的情感），而且出于职责，这必须是一切道德教育的真正目的。

但是，人们是否就没有这样一个词语，它不像幸福这个词语那样标志一种享受，却仍然指示必然伴随德行意识的一种对其实存的惬意，一种与幸福类似的东西？有！这个词语就是**自足**，它就其本义说总是仅仅指示对其实存的一种消极的惬意，在其中人们意识到自己无所需求。自由与自由意识，作为以压倒一切的意向遵循道德法则的能力，乃是**对于禀好的独立性**，而这个禀好至少是决定（虽然不是刺激）我们欲求的动机；只要我在遵循我的道德准则时意识到它们，它们就是必然与之联结的、不依赖于任何特殊情感的和不可更动的满足的唯一来源，并且这种满足能够称作理智的 118
满足。感性的满足（这样说法是不合原义的）依赖于禀好的满意，而无论这些禀好被挖空心思地想得多么的精细，它决不能适合于人们关于满足的所思所想。因为禀好随着人们对它们的怂恿变化增长，并且始终留下一个愈填愈大的空洞。因而，它们总是令理性存在者**厌烦**，并且纵使他不能摆脱它们，它们也逼得他愿意从中脱身出来。甚至某种合乎职责（譬如慈善之举）的禀好，虽然能够便利**道德**准则的效用，但不产生这种效用。因为如果行为不仅仅应

当包含**合法性**，而且也应当包含**道德性**，那么在准则中的所有一切都必须指向作为决定根据的法则表象。禀好是盲目而奴颜婢膝的，无论它良好与否；而如果事情取决于德性，那么理性必须不仅仅担任禀好的监护者的角色，而作为纯粹实践理性必须不顾禀好，完全只照顾它自己的关切。即使同情和柔肠怜悯的情感，倘若在关于什么是职责的深思熟虑之前发生而成为决定根据，甚至也令思维健全的人烦难，使他们深思熟虑过的准则陷于一团糊涂，并促使他们愿意从中解脱出来，单单委质于立法的理性。

由此我们便可以理解：关于纯粹实践理性这个能力的意识如何能够通过业绩（德行）产生一种克服自己禀好的意识，因此也产生独立于这些禀好、从而独立于始终伴随它们的不满足的意识，于是产生对自己状况的否定的惬意，亦即**满足**，而它在源头上就是对自己人格的满足。自由本身因这样一种方式（也就是间接地）就能成为一种享受，这种享受不能够称作幸福，因为它并不依靠情感的积极参与，确切地说它也不能够称作**洪福**，因为它并未包含对于禀好和需求的完全独立性；不过，至少在其意志决定能够认为自己不受它们的影响的范围内，于是在至少就其起源而论它与人们仅能归于至上存在者的自满自足相类似的范围内，它仍然是与洪福有相似之处的。

119 这样解决纯粹实践理性的二律背反带来如下结果：在实践原理里面，德性意识和对作为其后果而与之比配的幸福的期望之间一种自然的和必然的联结，至少可以思想为可能的（但当然并不因此就是可以认识和洞见到的）；另一方面，谋求幸福的种种原理不能够产生德性：于是，**无上的**善（作为至善的第一条件）是德性，反

之，幸福虽然构成了至善的第二元素，却仍然是如此：它是前者仅以道德为条件的、却依旧必然的后果。只有在这样一种隶属次序之下，**至善**才是纯粹实践理性的整个客体，纯粹实践理性必须把这个至善表象为可能的，因为竭尽可能促进至善的实现，是纯粹实践理性的一个命令。但是，因为有条件者与条件的这样一种联结的可能性完全属于事物超感性的关系，并且决不可能依照感觉世界的法则被给予，纵使这个理念的实践后果，也就是以实现至善为目标的行为，属于感觉世界，所以我们将首先就我们直接力所能及的东西，其次就理性为弥补我们无力达到至善（依照实践原则是必然的）的可能性提供给我们而且为我们力所不能及的东西，努力去阐明那种联结的可能性的根据。

三　纯粹实践理性在与思辨理性联结中的优先地位

所谓两件或两件以上经由理性联结起来的事物之中的优先地位，我理解的是其中一件事物成为与所有其他事物联结的首要决定根据的优先权。在较窄的实践意义下面，它意指其中一种关切的优先权，亦即其他的关切隶属于它（它不能居于任何其他关切之后）。人们能够赋予心灵的每一项能力以一种**关切**，亦即一条原则，它包含着唯在其下心灵能力的施行才得到促进的条件。理性，
作为种种原则的能力，决定了一切心灵力量的关切，但它自己的关 120
切自己决定。理性思辨应用的关切在于**认识**客体，直至最高的先天原则，理性实践应用的关切在于相对于最终的和完整的目的决定**意志**。为一般理性应用的可能性所需要的东西，也就是理性的原则和主张必须彼此不相矛盾，不构成它的关切的一部分，而是毕

竟具备理性的条件；只有理性的拓展，而非其单纯与自己的一致，才算在理性的关切之列。

倘若除了**思辨**理性出于其洞见独自呈献给实践理性的东西之外，实践理性不再可以认定别的什么和将其思想为被给予的，那么思辨理性就占据了优先地位。但是，假定实践理性独自就有源始的先天原则，它们与某些理论的断言不可分割地联结在一起，却仍然落在思辨理性的一切可能的洞见之外（尽管它们与后者必定也不矛盾），那么问题便是，哪一种关切是无上的关切（而非，哪一种必然让步，因为其中一种并不必然与另一种相冲突）：思辨理性不认识所有实践理性提交它认定的东西，它是否必须采纳这些命题并且试图把它们，作为外在的、移交给它的财物，与它自己的概念结合起来，即使它们对它来说是逾界的；或者它是否有正当的理由，顽固地遵循它自己与众不同的关切，并且依照伊壁鸠鲁的逻辑学，将所有不能通过亲历的、在经验里面建立起来的实例认证其客观实在性的东西都当作空虚的巧思予以拒绝，尽管后者同时与理性的（纯粹）实践应用的关切盘根错节，其自身也不与理性的理论应用相矛盾，而单纯因为它由于取消了思辨理性自己设立的界限，使之听任想象力的胡闹和荒唐，因而现实地损害了思辨理性的关切。

事实上，只要以本能为条件的实践理性，亦即单单受幸福的感性原则管束的意向的关切，被安置为基础，那么这个过分要求就决不可以向思辨理性提出来。**穆罕默德**的天国，**神智学者**和**神秘主义者**与神性的融合，都会尽随每人的兴趣所好，以其怪异纠缠理
121 性，因而与其以这种方式将理性交付给各种梦幻，还不如根本没有理性要来得好些。然而，如果纯粹理性能够是自为地实践的，并且

它事实上就是实践的，一如道德法则的意识所表明的那样，那么确实始终正是同一个理性在依照先天原则进行判断，无论它是为着理论的意图还是为着实践的意图；于是，这里很清楚：如果为着第一个意图的理性能力不足以肯定地确立某些命题，后者同时也并不与它矛盾，只要这些命题**不可分割地**属于纯粹理性的**实践关切**，尽管作为一个不是在它自己园地里生长的、却仍然得到了充分论证的外来贡献，它就必须认定它们，必须尝试把它们与它作为思辨理性有权把握的东西相比较并且联结起来；但是它必须明白，这些不是它的洞见，而是它的应用为着某个别的意图，也就是实践的意图的拓展，这与它限制思辨过失的关切是毫无抵触的。

于是，在纯粹思辨理性与纯粹实践理性联结成一个认识时，假定这种联结不是**偶然的**和**任意的**，而是先天地以理性自身为基础的，从而是**必然的**，实践理性就占据了**优先地位**。因为若无这种隶属次序，理性就会发生自相冲突；盖缘如果它们是并列（协调）的，那么前者就会自为地关紧它的疆界，不让后者的任何东西进入它的领域，但是尽管如此，后者依然会将它的疆界扩展到一切东西之上，并且只要自己有所需要，就会试图将前者纳入自己的领域。但是，我们根本不能向纯粹实践理性提出这样的过分要求：隶属于思辨理性，因而颠倒次序，因为一切关切归根结底都是实践的，甚至思辨理性的关切也仅仅是有条件的，只有在实践的应用中才是完整的。

四　纯粹实践理性公设之一：灵魂不朽 122

至善在世界之中的实现是一个可由道德法则决定的意志的必

然客体。但是，在这个意志里面，意向完全切合于道德法则是至善的无上条件。因此，这种切合必须像其客体一样是可能的，因为它是包含在促进这个客体的命令里面的。但是，意志与道德法则的完全切合是神圣性，是一种没有哪一个感觉世界的理性存在者在其此在的某一个时刻能够达到的完满性。因为与此同时它仍然作为实践上必然的而被要求，所以它只有在一个向着那个完全的切合性而趋于无穷的前进中才能见及；并且依照纯粹实践理性的原则，认定这样一种实践的进步作为我们意志的实在客体，乃是必然的。

但是，这个无穷的前进只有以进入无限延续的实存和同一个理性存在者的人格（人们称之为灵魂不朽）为先决条件，才是可能的。这样，至善只有以灵魂不朽为先决条件才在实践上是可能的；从而，与道德法则不可分离地联结在一起的这种不朽，是纯粹实践理性的一个**公设**（所谓公设，我理解的是一种理论的、但在其本身不可证明的命题，它不可分离地附属于无条件有效的先天实践法则）。

这条关于我们本性的道德规定的命题，即唯有在一个趋于无穷的进步中才能够达到与德性法则的完全切合，不仅就目下弥补思辨理性的无能起见，而且就宗教而言，都具有极大的用处。若无这个命题，或者道德法则将被完全褫夺去它的神圣性，盖缘人们过分夸饰道德法则为宽大无拘（宽容的），从而迎合了我们的方便适意，或者它的任务和对它的期待被张大到了一个无法达到的终点，
123 即所冀求的对于意志神圣性的完全获致，并陷入了狂热的、与自知之明相违背的神智学的梦幻之中；这两者都无非妨碍了趋于准确

而全面地遵循理性严格而非宽大的、然而却仍非理想而是真正的命令的不懈**奋斗**。对于一个理性的却有限的存在者来说，唯有趋于无穷的、从低级的道德完善性向高级的道德完善性的前进才是可能的。视时间条件为无的**无限存在者**，在这个对于我们乃无穷的系列里面看到了与道德法则切合的整体，而神圣性乃是它的命令一丝不苟地要求的，以合乎它派给人手一份应得的至善方面的公正性，这种神圣性在唯一一个对理性存在者之此在的理智直观里一览无余。至于就分享这份至善的希望而言，唯一能够归于创造物的是对于他那经过考验的意向的意识，旨在于根据他迄今为止从恶劣到道德良好的进步，以及根据因此而为他认识到的始终不渝的决心，希望这个进步益发不间断地持续下去，而不论他的实存可以达到多么长久，甚至超出此生[①]；这样，虽然决不会在其此在的这里或任一可预见的将来时刻，而只是在（唯上帝能够综观的）他延续的无限性中，达到与上帝的意志（并不宽大或赦免，它们 124
与公正不相称）的完全适合。

① 确信他的意向在向善的进步中始终不渝，对于创造物本身似乎还是不可能的。由于这个**缘故**，基督教的教义让这种确信源自于圣灵，圣灵使人超凡入圣，亦即使人坚定决心，并且使人在怀抱这种决心的同时意识到道德进步中的不屈不挠。但是，一个人意识到，在越来越善的进步之中，他确实本于真纯的道德动机已经坚持了长长的一生直至此生的尽头，他自然很可以为自己造就一个慰藉的希望，尽管仍非坚信：他会在一个超出此生而持续的实存中坚执这些原理，并且即使在他自己的眼里在此地，或随着他所希望的他的自然完满性的未来增长，而且也随着与之相偕的他的职责的未来增长，他决没有充分的理由可以在任何时候希望，拥有一个洪福的未来前景，却在虽然指向无穷遥远的目标然而对于上帝来说已属拥有的进步里，仍然能够拥有这样一个前景。因为洪福一词理性用来指示一种独立于世界上一切偶然原因的完整福利，它与神圣性一样是一个理念，后者只能够包含在无穷的前进和这样前进的总体**之中**，因而是**决不**会为创造物所充分达到的。

五　纯粹实践理性公设之二：上帝存在

在前述的申解里面，道德法则导至无需任何感性动力参与而单纯由纯粹理性指定的实践任务，也就是至善的第一和主要的部分，即**德性**的必然完整性的任务，并且因为这个任务仅仅在一个永恒里才能够充分解决，所以又导至不朽的公设。这同一个法则必定也一如先前那样无私地经由并无偏爱的理性导至至善的第二个元素的可能性，也就是与那德性切合的**幸福**的可能性，它这样做必须以与这种结果相适合的原因的此在为先决条件，这就是说，它必须设定上帝的实存，作为必然属于至善（它是与纯粹理性的立法必然联结在一起的我们意志的客体）的可能性。我们将以令人信服的方式来阐述这种联系。

幸福是世界上理性存在者在其整个实存期间凡事皆照愿望和意志而行的状态，因而依赖于自然与他的整个目的、并与他意志的本质的决定根据的契合一致。现在，作为自由法则的道德法则通过一种决定根据颁行命令，这种决定根据应当完全独立于自然以及自然与我们欲求能力（作为动力）的契合一致；但是，与此同时在世界之中发生行为的理性存在者仍然不是世界和自然本身的原因。于是，在道德法则里面没有丝毫的根据说，德性和那个作为部分属于世界并因而依赖于世界的存在者与德性相称的幸福之间有必然联系，而且正是出于这个缘故他不能够通过他的意志成为这个自然的原因，并且他也不能够凭自己的力量使自然，就其涉及他
125 的幸福而论，与他的实践原理彻底协调。然而，在纯粹理性的实践任务里面，亦即在对于至善的必然追求之中，这样一种联系是被设

定为必然的：我们应当设法促进至善（它因此也必定是可能的）。这样，全部自然的而又与自然有别的一个原因的此在，也就被设定了，而这个原因包含着上述联系的根据，也就是幸福与德性精确地契合一致的根据。但是，这个无上的原因不仅应当包含自然与理性存在者意志的法则契合一致的根据，而且也应当包含自然与这个法则的表象契合一致的根据，只要他们将这个法则置为意志的无上决定根据，从而不仅包含自然与道德形式上的契合一致，而且也与作为他们动机的他们德性契合一致的根据，也就是包含着与他们的意向契合一致的根据。于是，只有在一个无上的自然原因被认定，并且这个原因具备合乎道德意向的因果性的范围内，这个至善在世界上才是可能的。一个能够依照法则的表象发生行为的存在者正是一个理智存在者（理性存在者），并且依照这样一种法则表象的这样一个存在者的因果性正是这个存在者的意志。这样，自然的无上原因，只要它必须为了至善而被设定，就是这样一个存在者，它通过知性和意志成为自然的原因（从而是自然的创作者），亦即**上帝**。因此，派生的至善（极善世界）可能性的公设同时就是一个源始的至善的现实性的公设，也就是上帝实存的公设。既然促进至善原本是我们的职责，那么设定这种至善的可能性就不仅是我们的权限，而且也是与作为需求的职责联结在一起的必然性；因为至善只有在上帝的此在的条件下才发生，所以这就将上帝的此在这个先决条件与职责不可分割地联结在一起，亦即认定上帝的此在，在道德上是必然的。

这里或应注意：这种道德必然性是主观的，亦即是需求，而不是客观的，亦即它本身不是职责；因为并不存在任何认定某种事物

的实存（盖缘这单纯事关理性的理论应用）的职责。这也不可以做如下理解：认定**上帝**的此在**作为一个所有一般义务的根据**是必然
126 的（因为一如已经充分证明的，这个根据仅仅依赖于理性本身的自律）。在这里，只有努力产生和促进世界上的至善才属于职责，这种至善的可能性因而也能够被设定，但是，我们的理性发现，若非以至上的理智存在者为先决条件，这种可能性是无法思想的；于是，认定至上的理智存在者的此在与我们的职责意识是联结在一起的，虽然这个认定本身属于理论理性；然而，就理论理性而言，我们的理性将这种作为解释根据的认定视作**假设**，但是，在事关一个确实由道德法则给予我们的客体（至善）的可理解性时，从而在事关具有实践意图的需求时，这个认定能够称作**信仰**，更确切地说，纯粹**理性的信仰**，因为唯有纯粹理性（既依照其理论的应用亦依照其实践的应用）才是这种信仰所从出的源泉。

经过这样一番**演绎**之后现在就可以理解，为什么**希腊**各学派从来没有能够成功解决他们那个至善的实践可能性的问题：因为他们总是使人的意志应用自己自由的规则成为这种可能性的唯一的和独自充足的根据，据他们看来为此无需上帝的此在。他们独立于这个公设而单单从理性与意志的关系来确定道德原则，并且从而使这个原则成为至善的**无上**实践条件，这一点他们的确做对了；但是，这个原则因此不是至善可能性的**全部**条件。**伊壁鸠鲁派**确实把一个完全错误的道德原则，也就是幸福原则，认定为无上原则，并且将依照每人自己禀好任意选择的准则矫拂为法则；但是，他们这样做法倒是足够**前后一贯**的：他们比照他们原理的卑下贬低他们的至善，并且除了通过人们的明智（节制和禀好的克制也在

其列）所获致的幸福外，他们不期望更大的幸福，而这种明智一如人所知，是足够贫乏的，并且必定依不同的环境得出不同的结果；他们的准则不断承认的种种例外，而后者使得这种准则缺乏法则的用处，则更不必提起。与之相反，**斯多亚派**相当正确地选择了他们的无上实践原则，也就是选择德行作为至善的条件，但是因为他们以为德行的纯粹法则所需要的德行的等级，是可以在今生完全 127
达到的，所以他们不仅把冠有**智慧**之名的人的道德能力张大至超越其本性的一切限制的高度，认定它是某种与一切人类知识相矛盾的东西，而且主要的是因为他们完全不愿意让属于至善的第二种**因素**，也就是幸福，作为人类欲求能力的特殊对象，而是使他们的**智者**有如意识到他自己人格的卓越的上帝，完全独立于本性（就其满足而论），因为他们虽然使智者遭受生活的磨难，但不使他屈服于它们（同时也把他描述为摆脱了恶）；这样，他们事实上愬然不顾至善的第二元素即个人的幸福，因为他们把它仅仅置于行为和对他们人格的价值的满足之中，并因而把它包纳在关于德性的精神境界的意识之内；但是在这里，他们自己本性的声音就当已经能够充分地驳倒了他们。

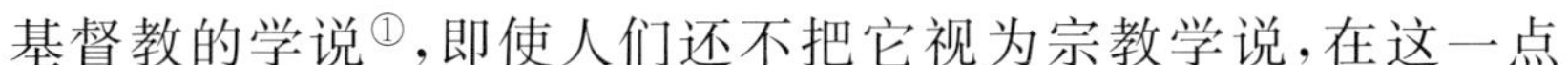

基督教的学说①，即使人们还不把它视为宗教学说，在这一点

① 人们通常认为，基督教的道德规矩就其纯粹性而论，并不在斯多亚派的道德概念之上；然而两者的区别的确是十分显著的。斯多亚派的体系使关于心灵刚毅的意识成为一切德性意向绕以转动的枢轴，虽然这个体系的信徒谈到了职责，也相当出色地规定了职责，他们仍然将动力和意志根本的决定根据置于精神境界的升华之中，后者超越卑下的并且只是通过心灵软弱而当道的感性动力之上。于是，德行在他们那里就是某种超越人的动物式本性的智者的英雄气概，后者在智者那里是自足的；智者虽然给别人提出职责，自己却是超越于职责之上并且不委质于任何逾越德性法则的诱惑。但是如果他们曾经像《福音书》的规矩表象这个法则那样，把它表象得纯粹和严格，那

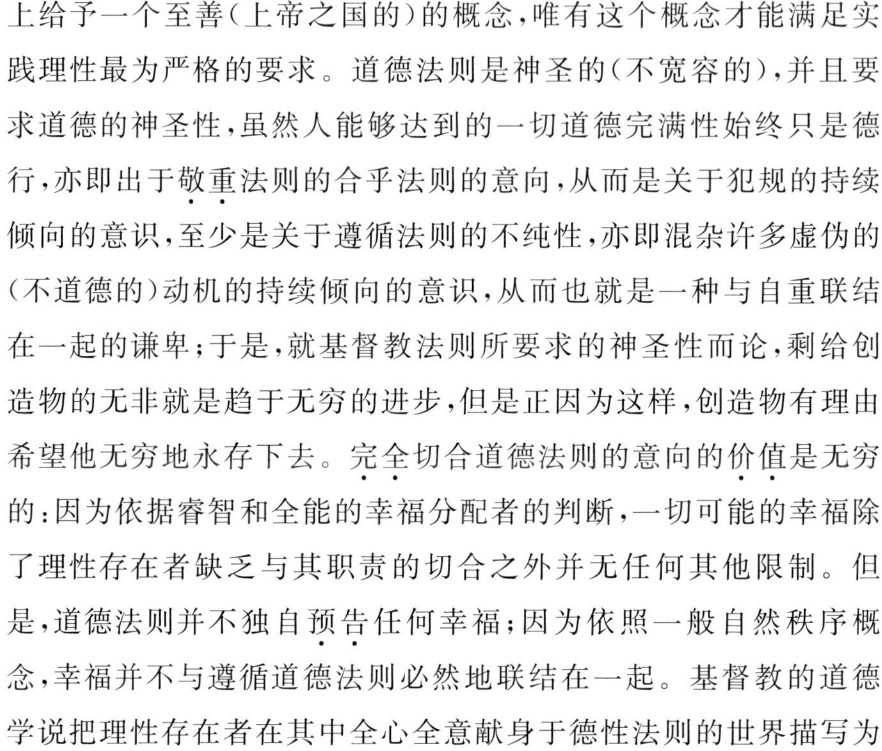

128 上给予一个至善(上帝之国的)的概念,唯有这个概念才能满足实践理性最为严格的要求。道德法则是神圣的(不宽容的),并且要求道德的神圣性,虽然人能够达到的一切道德完满性始终只是德行,亦即出于**敬重**法则的合乎法则的意向,从而是关于犯规的持续倾向的意识,至少是关于遵循法则的不纯性,亦即混杂许多虚伪的(不道德的)动机的持续倾向的意识,从而也就是一种与自重联结在一起的谦卑;于是,就基督教法则所要求的神圣性而论,剩给创造物的无非就是趋于无穷的进步,但是正因为这样,创造物有理由希望他无穷地永存下去。**完全**切合道德法则的意向的**价值**是无穷的:因为依据睿智和全能的幸福分配者的判断,一切可能的幸福除了理性存在者缺乏与其职责的切合之外并无任何其他限制。但是,道德法则并不独自**预告**任何幸福;因为依照一般自然秩序概念,幸福并不与遵循道德法则必然地联结在一起。基督教的道德学说把理性存在者在其中全心全意献身于德性法则的世界描写为

么这一切他们便不能够做了。倘若我把理念理解为不能够从经验之中相应地得到任何东西的完满性,那么道德理念也不因此是逾界的东西,亦即不是这样一种东西,我们连一次也不能够充分地规定其概念,或者就如思辨理性的理念一样,究竟是否有与其相应的对象,乃是不确定的;相反,它作为实践完满性的原型,充任德性举止的不可或缺的准绳,同时充任比较的尺度。现在如果我从其哲学方面来检视基督教的道德学,那么比之于希腊诸学派的理念,它就呈现如下形势:犬儒学派、伊壁鸠鲁派、斯多亚派和基督教派的理念就是:素朴、明智、智慧和神圣性。至于达到它们的方式,希腊哲学家们彼此各不相同,犬儒学派发现一般的人类知性已足够,其余的学派则发现科学的途径,于是两方都发现单纯应用自然力量就足以达到这些理念。基督教的道德学因为将它的规矩制定得如此纯粹和不宽容(它也必须是如此),它就剥夺了人们至少在这里在此生完全适合这些规矩的信念,但又通过以下一点重新安慰他们:倘若我们尽我们所能行为善良,那么我们就能够希望,凡我们所力不能及的东西,从别处得到补偿,而不论我们现在是否知道其途径如何。亚里士多德和柏拉图只是在我们德性概念的源泉方面相互区别。

上帝之国，在这个国度里通过使派生的至善成为可能的神圣创造者，本性和道德达成和谐，而后者原是外在于两者之中的任何一个的本身的，这种学说凭借这个方式弥补了这种（至善第二种不可或缺的因素的）缺乏。道德的**神圣性**被指定为他们甚至今生的准绳， 129
但是与道德相称的福利，即洪福仅仅被表象为在永恒中可以达到的；因为**道德的神圣性**必定始终是理性存在者在其每一种状况中的举止的原型，并且趋于这种神圣性的进步就是在今生也是可能的和必然的，但是**洪福**在这个世界上，在幸福的名称之下，是完全不能够达到的（在其取决于我们能力的范围之内），并且因此仅仅被做成了希望的对象。尽管如此，基督教的**道德**原则本身并不是神学的（从而不是他律），而是纯粹实践理性自身的自律，因为这种道德学说不是以神的知识及其意志为这种法则的基础，而是以它们为在遵循这个法则的条件下达到至善的基础，它甚至把遵循这个法则的根本**动力**不是置于所愿望的遵循法则的后果之中，而只是置于职责的表象之中，盖缘获得这种后果的配当就在于忠实地遵守职责。

在这种方式之下，通过作为纯粹实践理性客体的最终目的的至善概念，道德法则导至**宗教**，亦即导至**一切职责乃上帝的命令而非上帝的制裁的认识，亦即它们不是外在意志任意的、自身偶然的训示**，而是每一个自由意志自身的本质的**法则**；但是这种法则仍然必须被看作最高存在者的命令，因为我们只有从一个道德上完满的（神圣的和仁慈的）、同时也全能的意志那里，从而通过与这个意志的契合一致才能希望达到至善，而把后者立为我们努力的对象，乃是道德法则为我们造就的职责。此外，在这里一切因此都是无

私的，仅仅以职责为基础；畏惧或希望作为动力不容许被立为基础，它们如果成为原则，就会摧毁行为的整个道德价值。道德法则命令道，使这个世界上可能的至善对我来说成为一切举止的最终对象。但是，若非仅仅通过我的意志与一个神圣的和仁慈的世界创造者的意志的契合一致，我就不能希望去造成这个至善；最大的幸福被表象为与最大程度的德性（在创造物那里可能的）完满性以
130 最精确的比例联结在作为整体概念的至善概念里，虽然**我个人的幸福**也一并包含在这个概念里，那被指定去促进至善的意志决定根据却仍旧不是幸福，而是道德法则（它其实以某些条件严格地限制我对幸福的无度需求）。

因此，道德学根本就不是关于我们如何**谋得**幸福的学说，而是关于我们应当如何**配当**幸福的学说。只有在宗教参与之后，我们确实才有希望有一天以我们为配当幸福所做努力的程度分享幸福。

倘若某个人拥有某物或某种境况的情形与至善符合一致，他就**配当**拥有这种事物或状态。人们现在容易明白，一切配当皆取决于德性的举止，因为这种举止在至善的概念里构成了其余东西（属于境况的东西）的条件，也就是分享幸福的条件。现在由此得出如下结论：人们决不应该把道德学本身当作**幸福学说**对待，亦即当作如何享有幸福的指导对待；因为道德学仅仅处理幸福的理性条件（conditio sine qua non[必要条件]），而不处理获得幸福的手段。但是如果道德学（它单单托付职责，而不提供自私愿望的规则）得到完整的阐述，那么只有促进至善（将上帝之国带至我们中间）这个以法则为基础的道德愿望，这个不能事先从自私的心灵里升腾而起的道德愿望已经被唤醒，并且为此缘故趋向宗教的步子

已经迈出之后，这个德性学说才能命名为幸福学说，因为对幸福的**希望**首先只是与宗教一起发轫的。

人们从这里也能够明了：如果人们追问**上帝**创世的**终极目的**，那么他们不应该举出世界上理性存在者的**幸福**，而必须举出**至善**；至善为这个存在者的那个愿望添加了一个条件，也就是配当幸福，亦即这些理性存在者的**德性**，因为只有它包含着他们据以能够希望凭借一个智慧的创造者之手享有幸福的标准，盖缘从理论上来考察，**智慧**意指**对至善的认识**，而从实践上来考察，它意指**意志与** 131
至善的切合，所以人们不能够将一个单单以**仁慈**为基础的目的赋予至上独立的智慧。因为只有在切合与作为源始至善的上帝意志的**神圣性**[①]符合一致这个限制条件时，人们才能思想这种仁慈（相对于理性存在者的幸福而言）的结果。因而，那些把创世的目的归于上帝的荣誉（假定人们不是以拟人的方式把这个荣誉想成应予称颂的禀好）的人，或许碰上了绝妙的词语。因为最使上帝荣耀的莫过于世界上最受重视的东西：敬重上帝的命令，遵守上帝的法则托付给我们的神圣职责，如果它的庄严设计还得给如此华丽的秩序冠以合适的幸福的话。倘若后者（以人的口吻来说）使上帝配当爱，那么它就由于前者成为礼拜（崇拜）的对象。甚至人类虽然也

① 在这种情形下，并且为了澄清这个概念的特征，我只做如下注释：人们赋予上帝以各种特性，而这些特性的性质人们发现也切合于其创造物，只是这些特性在上帝那里被提升到了极限程度，比如力量，知识，在场，善等等被命名为全能，全知，全在，全善等等；与此同时，还有三种特性专门被赋予上帝，而无大小的修饰，它们一并是道德方面的：它是**唯一神圣的**，**唯一洪福的**，**唯一智慧的**；因为这些概念已经具备无限制性。按照这些概念的秩序，它因而又是**神圣的立法者**（和创造者），是**仁慈的统治者**（和维持者）和**公正的审判者**：这三种特性包含了上帝借以成为宗教对象的一切，而与这些特性相切合，形而上学的完满性自动地将自己添入理性。

能够因善行获致爱，但是决不能够单单因善行获致敬重，因此最大的善行之所以成就人类的荣誉，只是在于它得以依照配当施行。

现在自然就得出如下结论：在目的的秩序里，人（以及每一个理性存在者）就是目的本身，亦即他决不能为任何人（甚至上帝）单单用作手段，若非在这种情形下他自身同时就是目的；于是，我们人格之中的人道对于我们自身必定是神圣的，因为它是道德法则
132 的主体，从而是那些本身乃神圣的东西的主体，一般来说，正是出于这个缘故并且与此契合，某些东西才能够被称为神圣的。因为这种道德法则是以他的作为自由意志之意志的自律为基础的，这个意志依照它的普遍法则必然能够同时与它应当委质于其下的东西相契合。

六　概论纯粹实践理性公设

这些公设全部肇始于道德性的原理，后者不是公设，而是理性借以直接决定意志的法则，而这个意志，正是由于它作为纯粹意志是如此被决定的，需要遵循它的规矩这个必然的条件。这些公设不是理论的教条，而是必然的实践关怀的先决条件，因而虽然并不拓展思辨认识，却赋予一般思辨理性的理念（凭借它们与实践领域的关联）以客观实在性，并且证明思辨理性有正当理由持有这些概念，而思辨理性原本连主张它们的可能性也是不敢做的。

这些公设是不朽的公设，从积极层面来检视的（作为存在者在属于理智世界范围时因果性的）自由的公设，和上帝的此在。第一个公设滥觞于与道德法则的完整实现相切合的持续性这个实践的

必然条件；**第二个**公设滥觞于对于感性世界的独立性、以及依照理智世界的法则决定存在者意志的能力，即自由这个必然的先决条件；**第三个**公设滥觞于如下条件的必然性：这样一个理智世界通过设定独立不依的至善，亦即上帝的此在而成为至善。

于是，那个必然因敬重道德法则而趋于至善的意图，以及由此滥觞的至善客观实在性的先决条件，通过实践理性的公设导至思辨理性虽然能够作为任务提出却无法解决的概念。这样，它导至1)这样一个问题，思辨理性在解决它时不能不犯**谬误推理**（也就是 133
不朽的概念），因为这里缺乏有关永久性的标志，以给在自我意识里面必然授予心灵的终极主体这个心理学概念，补充实体的实在表象；而持存乃是在作为实践理性的整个目的的至善中与道德法则切合所需要的，实践理性通过这种持存的公设树立了那个终极主体。它导至 2)思辨理性无非作为二律背反包含的概念，思辨理性只能将这个**二律背反**的解决建立在一个成问题的、虽然可以设想的概念之上，但这个概念的客观实在性是思辨理性无法证明或规定的；这就是理智世界的**宇宙论**理念和关于我们在这个世界中的此在的意识。它之所以导至这个概念，乃是借助于自由的公设（实践理性通过道德法则诠证了自由的实在性，并且与之一起同时诠证了理智世界的法则，而思辨理性只能指点这个世界，却不能决定其概念）。它 3)为思辨理性虽然必须思想、却又必须任其作为先验**理想**而无规定的东西，即源始存在者的**神学**概念提供了意义（为了实践的意图，即作为由那个法则决定的意志之对象的可能性条件），即理智世界里至善的无上原则，后者是凭借在同一世界秉政的道德立法的。

但是，现在我们的认识实际上是否以这种方式通过纯粹实践理性得到了拓展？对于思辨理性系超验的东西，在实践理性里是否成了内在的东西？的确如此，但是仅仅在实践的意图方面。因为就其自身所是而论，我们借此既不认识我们心灵的本性，也不认识理智世界，也不认识至上存在者，我们只是把它们的概念统一在至善的实践概念里，后者乃是我们意志的客体；并且我们完全先天地通过理性，但就道德法则所命令的客体而言，却仅仅借助于道德的法则，也单单在与这个法则的关联里，统一了这些概念。但是，自由是如何可能的，以及人们应该如何在理论上和肯定地表象这类因果性，并不因此被洞见了，而所洞见的无非是，这样一种因果性是通过道德法则和为了道德法则设定的。其他理念的情形亦复如此，人类知性永远无法探究到它们的可能性，但是，它们不是真
134 正的概念，这一点是任何诡辩永远也无法从甚至最为庸常之人的信念里夺取去的。

七　如何能够思想：在实践意图下拓展纯粹理性而不因此同时拓展理性的思辨认识

我们要立刻将问题运用于当下情况而予以回答，以免过于抽象。——为了在**实践方面**拓展纯粹认识，**一个意图**，亦即作为（意志）客体的目的，必须先天地被给予，这个客体在独立于一切理论原理的情况下，通过一个能够直接决定意志的（定言）命令被表象为实践上必然的；在这里，这个客体就是**至善**。但是，若非设定三个理论概念（因为它们是单纯的纯粹理性概念，无法为自身觅得相应的直观，从而无法以理论的方式为自身觅得客观实在性），即自

由，不朽和上帝，这个至善就是不可能的。然而，实践法则要求至善能够在世界上实存，通过这个实践法则纯粹思辨理性那些对象的可能性，思辨理性不可能保证的它们的客观实在性，就被设定了；纯粹理性的理论认识借此确实获得增长，但是这种增长仅仅在于：那些对它原本成问题（只可思想的）概念现在被肯定地解释为拥有现实客体的概念，因为实践理性为了它确实在实践上绝对必然的至善的客体的可能性，不可避免地要求这些客体的实存，而理论理性因此被证明有正当理由去设定它们。但是，理论理性的这种拓展不是思辨的拓展，亦即从现在起**为了理论的意图**肯定地应用这些对象。因为在这种情形下由实践理性所成就的无非就是，那些概念是实在的，事实上有其（可能的）客体，但是，我们由此并没有得到这些对象的任何直观（这类直观也是不能要求的），所以并没有任何综合命题因这些对象的实在性得到承认而成为可能。因而，这种开放在思辨的意图方面丝毫没有帮助我们，但是就纯粹 135
理性的实践应用而言，却很有助于拓展我们的这类认识。上述三个思辨理性的理念在其本身尚非认识；不过它们仍然是（超验的）**思想**，在其中没有什么东西是不可能的。现在，通过确凿无疑的实践法则，即作为实践法则命令其**成为客体**的东西之所以可能的必然条件，它们得到了客观实在性，亦即我们得到指示：**它们有客体**，不过我们仍然不能指明，它们的概念如何与一个客体相关联，并且这也仍然不是关于**这个客体**的认识；因为人们完全不能借此对它们做出任何综合判断，也不能规定它们的理论运用，从而完全不能够对它们施以任何理性的理论应用，而理性的一切思辨认识从根本上说正是在于这种应用。但是，**虽然**关于**这些客体**的理论认识

没有因此得到拓展，而一般理性的理论认识却因此得到如下程度的拓展：通过实践的公设，客体确实被**给予**了那些理念，一个单纯或然的思想因此首次得到了客观实在性。于是，它不是**关于所与的超感性对象**的认识的拓展，但是，它仍然是对于一般超感性的东西而言的理论理性及其认识的拓展，只要理性被迫承认：**存在这样一类对象**，却不能更切近地规定它们，从而甚至也不能拓展关于这些客体（它们现在出于实践的根据并且也仅仅为了实践的应用被给予理性）的认识；于是，纯粹理论理性把上述的增长仅仅归功于理性的纯粹实践能力，对它来说，所有那些理念都是超验的和没有对象的。在这里，它们成为**内在的**和**构成的**，因为它们是**实现**纯粹实践理性的**必然客体**（至善）的可能性根据；因为否则它们便是**超验的**和思辨理性单纯的**规范**原则，后者没有责成思辨理性去认定一个逾越经验的新客体，而仅仅责成它在经验之中的应用趋近完整。但是如果理性一旦拥有这种增长，那么它作为思辨理性（从根本上说，仅仅为了确保其实践应用）就将从否定的方面从事工作，亦即并非拓展那些理念，而是阐释那些理念，以求一方面阻遏作为
136 **迷信**之源的**拟人论**或那些概念通过臆想的经验而得到的表面拓展，另一方面又阻遏那通过超感性的直观或类似的情感允许这种拓展的**狂热**；两者都是纯粹理性实践应用的障碍，因而提防它们的确就属于我们的认识在实践意图上的拓展，而同时承认理性在思辨意图上并不因此有丝毫的所得，与这种拓展也不矛盾。

对于每一项相对于对象而言的理性应用，纯粹知性概念（**范畴**）不可或缺，倘若没有概念，便没有对象能够为人思想。这些概念只能用于理性的理论应用，亦即只能用于同时以直观（它始终是

感性的）为其基础的同类认识，并因而单纯为了通过它们表象可能经验的客体。但是，现在那在任何经验里都不能被给予的理性**理念**在这里是我必须通过范畴思想而以求认识的东西。然而，这里所关涉的不是对这些理念客体的理论认识，而仅仅是它们究竟有无客体。纯粹实践理性成就了这种实在性，在这种情况下理论理性所能做的无过于通过范畴单纯地**思想**那些客体；一如我们在别处已经清楚地指明的那样，这种思想无需直观（无论感性的抑或超感性的）就顺利进行，因为范畴，单单作为思想的能力，独立于并且先于一切直观而在纯粹知性之中有其位置和源泉，并且它们始终仅仅意指一般的客体，**而无论它会以何种方式被给予我们**。现在，在范畴应当被运用于那些理念的范围内，诚然直观中没有任何对象能够被给予范畴；但是，通过实践理性在至善概念里毫无疑问地呈献的客体，即通过旨在至善可能性的**那些概念的实在性**，这些范畴的确得到了如下的充分保证：**这样一个对象是现实地存在的**，从而作为单纯思维形式的范畴在这里不是空洞的，而是有意义的，尽管这种增长没有造成依照理论原理的认识的一丝一毫拓展。

*　　　*　　　*

此外，倘若我们要以从我们自己本性中取来的属性规定上帝， 137
理智世界（上帝之国）和不朽的理念，那么我们既不应该把这种规定视为那些纯粹理性理念的**感性化**（拟人化），也不应该把它视为对**超感性**对象的过度认识；因为这些属性无非就是知性和意志，确切地说是在它们的相互关系中受到如此看待的，一如它们在道德法则里面必定被思想的那样，于是这也仅限于它们被施以纯粹实践的应用的范围。所有其余那些在心理学上依附于这些概念的东西，亦即在我们从经验中观察我们这些**施行中**的能力范围内依附于这些概念的东西（譬如，人的知性是推论的，他们的表象是思维，不是直观，又如，这种表象在时间中是彼此相随的，再如，人的意志始终依赖于对其对象之实存的满足，以及等等，在最高存在者那里情况不可能是如此的），都因此被抽象掉了；于是，在我们用以思想一个纯粹知性对象的概念里面，所余的无非就是恰恰为思想一条道德法则的可能性所必需的东西，从而虽然是一种关于上帝的认识，但只是在实践关系中的认识；如果我们试图把它拓展成一个理论认识，我们由此便得到一种不思想而**直观**的上帝的知性，得到一个指向对象而其满足丝毫不依赖于对象之实存的意志（我不必提及那些先验的属性，譬如，实存的大小，亦即持存，但是它不在时间之中发生，尽管后者是我们表象此在大小的唯一可能的手段）：纯净的性质，我们从这些性质那里不能形成任何可用于**认识对象**的概念，而且我们由此也得到了一个教导：它们决不能应用于关于超感性存在者的**理论**，因而它们也不能够在这方面成为思辨认识的基础，而仅仅将它们的应用限制在道德法则的施行上面。

最后一点是如此的显而易见，并且能够通过下面的事实得到如此清楚的证明：人们能够放心大胆地敦促一切自以为是的**自然**
138 **神学家**（一个奇怪的名称）①，只是举出一个规定他们对象（超出单

---

①　**博学**原本只是历史学科的极致。因此只有启示神学的教师才能够叫做**神学家**［Gottesgelehrter：其词面意义乃“对上帝的事情博学的人”——译注］。但是，如果人们连具备理性科学（数学和哲学）的人也称之为博学的人，尽管这可能已经与词义（它总是把那些完完全全必须学而后知的东西，和那些人们于是不能通过理性自行发明的东西，归在博学之列）相冲突，那么具有关于上帝的认识而以之为积极科学的哲学家，树立了一个如此恶劣的形象，以致无法让自己称得上**博学的人**。

纯的本体论属性之外）的性质，无论知性的性质还是意志的性质来，而对于这个性质人们可以并非不容反驳地阐明：如果人们从中排除一切拟人论的因素，剩下给我们的就只是一个词语而已，而不能将些微的概念联结到它上面，以借此期待理论认识的拓展。但是，就实践的东西而言，在知性性质和意志性质里面依然剩下给我们的尚有关系概念，而实践法则（它恰好先天地规定了知性对于意志的关系）成就了这种关系的客观实在性。倘若这一旦实现，那么，道德上得到决定的意志之客体的概念（至善的概念）也将被赋予实在性，并且与这个客体一起，它的可能性条件，上帝、自由和不朽的理念也将被赋予实在性，但这种实在性始终只是在与道德法则的施行相关联时（而不为思辨的鹄的）被赋予的。

在这些提醒之后，现在就容易为下面这个重要问题找到答案：**上帝的概念是一个属于物理学**（从而也属于形而上学，因为后者仅仅包含一般意义上的物理学的纯粹先天原则）的**概念**呢，**还是一个属于道德学的概念**？为了**解释**自然的安排或其变化，如果人们最后求助于作为万物创造者的上帝，那么这至少不是自然的解释，而是彻底承认，他们已经走到了他们的哲学的尽头：因为人们被迫认定某种他们原本并无其单独概念的东西，以能够为自己亲眼目睹的东西的可能性构成一个概念。但是，通过形而上学**以可靠推论的方式**从**这个世界**的认识达到上帝的概念及其实存的证明之所以是不可能的，乃是因为我们必须把这个世界作为可能最完满的整体来认识，从而为此目的必须认识一切可能的世界（以便能够把它们与这个世界相比较），从而必须是全知的，以便说，这个世界只有 139
通过一个**上帝**（我们必须如此设想这个概念）才是可能的。但是，

完全从单纯概念来认识这个存在者的实存，是绝对不可能的，因为每一个实存命题是这样一种命题：它就我形成其概念的存在者说，这个存在者实在存在；这种实存命题是综合命题，而综合命题就是这样一类命题，借此我超出那个概念之外，说到某种有关这个概念而又未在概念里被想到的东西，相应于知性里面的这个概念还有一个外在于知性的对象被设置了；这显然是不可能由任何一种推论裁成的。于是，对于理性来说就只剩下唯一的途径以达到这种认识，那就是，作为纯粹理性，它从其纯粹实践应用的无上原则出发(因为这种应用原本单单指向作为理性后果的某物的实存的)决定其客体。这里，在理性的无可回避的任务里面，也就是在意志必然指向至善的任务里面，不仅这样一种必然性，即认定与这个至善在这个世界上的可能性相关联的这样一种源始存在者的必然性，展现出来了，而且最可注意的是，理性在沿自然途径前进时完全缺乏的某种东西，也就是一个得到精确规定的这种源始存在者的概念，也展现出来了。因为我们只是知道这个世界的一小部分，更少有可能把它与一切可能的世界比较，所以我们能够从世界的秩序、合目的性和大小顺利地推论出一位智慧、仁慈、强力等等的世界创造者，但是不能够推论出它的全知，全善，全能等等。人们很可以承认，他们确实有权以一个既蒙允许又完全合理的假设补充这个无可避免的欠缺，这个假设便是：既然智慧、仁慈等等闪耀在如此众多为我们所切近认识的部分里面，在所有其余的部分里情形也当如此，并且赋予世界创造者以一切可能的完满性，也因而是合理的；但这些不是我们借以自诩我们的洞见的推论，而仅仅是人们能够放任自己的权限，为了应用它们仍然还需要他方的推荐。于是，在经验的(物理学)途径上,上帝的概念始终只是一个关于第一存在者完满性的**未曾精确规定的概念**,以致无法认为它切合于神性的概念(但是,形而上学在其先验部分也没有取得任何成就)。

现在我拿实践理性的客体来试验这个概念,我发现,只有在以 140
具有**至上完满性**的世界创造者为先决条件时,道德的原理才允许它有可能性。它必须是**全知的**,以在一切可能的情况下和在全部未来中认识我的举止,直至我最内在的意向;它必须是全能的,以判断这种举止的恰当后果;它同样必须是**全在的**、**永恒的**等等。这样,道德法则通过作为纯粹实践理性对象的至善概念规定了作为**至上存在者**的源始存在者概念,这是理性的自然的(以及到了较高的阶段,形而上学的),从而整个思辨的过程所不能做到的。于是,上帝的概念是一个在本源上不属于物理学,亦即不属于思辨理性的、而属于道德学的概念,并且人们也能够对其余的理性概念作如是说,而这些理性概念我们在前面已经将其措置为理性在其实践应用中的公设。

如果人们在**阿那克萨戈拉**之前的希腊哲学史中未曾遇见纯粹理性神学任何明显的痕迹,那么其缘由不是在于古代哲学家欠缺知性和洞见,以致无法通过思辨之路,至少借一个完全合理的假设,使自己上升到这个层次;认定一个唯一合理而具备**一切完满性**的世界原因,以替代具有不同程度完满性的种种不同的世界原因,还有什么能够比这个人人都会自动浮现的思想更其容易,更其自然而然的呢?但是,世界上太多的祸害在他们看来是如此严重的异议,以致使他们无法认为这样一个假设是有正当理由的。这样,他们将他们的知性和洞见恰恰展现在如下一点:他们不容许那个

假设，反而在种种自然原因里探索他们是否可以在这些原因之中觅得为源始存在者所必需的品格和能力。但是，当这族敏锐的人民深入探索达到如此幽远的地步，甚至从哲学上来措置别族人民至多不过闲谈过而已的种种德性的对象的时候，他们首次发现了一个新需求，也就是一个必定会给他们提供确定的源始存在者的概念的实践需求；在这里，思辨理性位居旁观，其功绩顶多是修饰
141 并非在其自己园地生长起来的概念，并且不是以来自自然观察的、现在才首次出现的一系列证明，助长这个概念的声威（这已经建立起来了），反而只是凭臆想的理论理性的洞见光大其奢华。

*　　　*　　　*

根据这些提醒，纯粹思辨理性批判的读者就会充分相信，那个艰难的范畴演绎，对于神学和道德学是如何极端的必要，如何的有益。因为只有通过这个演绎，当我们把范畴放置在纯粹知性之中时，我们才可避免与**柏拉图**一样认为它们是天赋的，避免在它们之上建立对超感性事物理论的种种过分要求，这种要求的尽头人们是看不到的，却由此使神学成为充满种种幻觉的魔灯；但是当我们认为它们是后天获得的时，只有通过这个演绎才可避免与**伊壁鸠鲁**一样，把它们的全部应用，甚至旨在实践的应用，单单限制在感官的对象和决定根据上。但是，批判已经在那个演绎中证明，**第一**，它们不是来源于经验的，而是先天地在知性中有其位置和源泉；**第二**，因为它们独立于它们的直观而与**一般对象**相关联，所以虽然它们只有运用于**经验的对象**才能成就**理论认识**，却在运用于通过纯粹实践理性被给予的对象时，仍然还充任关于**超感性东西的有规定的思想**，然而这也仅限于这种东西是通过这样一些属性

得到规定的：它们必然属于纯粹的、先天被给予的实践意图及其可能性。纯粹理性的思辨限制和它的实践拓展第一次将纯粹理性带入这种均衡关系里面，在这里，一般理性能够以合目的性的方式得到应用；并且这个实例比其他的实例更好地证明了：通往智慧之途，如果应当是得到保障的而非死路一条或引向歧途的，那么在我们人类这里就无可避免地必须经过科学才直通无碍；但是，人们只有在那门科学完成之后才得以确信：它引向那个目标。

八　出于纯粹理性需求的认可 142

纯粹理性在其思辨应用中的需求仅仅导至假设，但是纯粹实践理性的需求则导至公设；因为在第一种情形下，我在根据的系列里从派生的东西随我所愿上升，并且需要一个源始根据，不是为了赋予派生的东西（比如，世界上事物和变化的因果联结）以客观实在性，而仅仅是为了相对于这种派生的东西完全地满足探求的理性。这样，我看见自然之中的秩序和合目的性在我面前，我并不需要为了使自己确信它们的现实性，就着手从事思辨，而仅仅为了解释它们，就设定一种作为它们原因的神性，那么在此时，因为从结果推论出一个规定了的原因，尤其是我们不得不推想像上帝那样精确和那样完整地规定了的原因，始终是不确定的和棘手的，所以这样一个设定只能提升到这样一个程度：它是对我们人类而言最为合理的意见[①]。相反，纯粹实践理性的需求建立在如下职责的

① 但是，甚至在这里我们也不能以理性的需要为托词，即使我们眼前没有一个成问题的却不可避免的理性概念，也就是一个绝对必然的存在者的概念。这个概念需要加以规定，并且如果拓展的冲动加入其中，它是思辨理性需求的客观根据，这个需求就

基础上：使某种东西（至善）成为我意志的对象并竭尽全力促进它；但是，在这件事上我必须设定对象的可能性，从而也必须设定这种可能性的条件，也就是上帝，自由和不朽，因为我不能凭借思辨理性证明这些条件，虽然我也不能否证它们。这个职责建立在一种的确完全独立于这些设定的、自身就必然真实的基础之上，也就是
143 建立在道德法则之上，在这个范围内它就无需另外关于事物的内在品格、关于世界秩序的隐秘目的或关于一个主宰世界的统治者的理论意见以为奥援，而最为完满地把我们联结到无条件合乎法则的行为上去。但是，这个法则的主观效果，也就是那个与它切合并且通过它而必然促进实践上可能的至善的意向，至少仍然设定：至善是可能的；否则，努力追求一个概念的客体，而这个概念在根本上是空虚而无客体的，这在实践上是不可能的。现在，前述的公设仅仅关涉至善可能性的自然的或形而上学的条件，一言以蔽之，居于事物本性之中的至善可能性的条件，但是并非旨在于任意的思辨意图，而是旨在纯粹理性意志的必然的实践目的；这个意志在这里不是选择，而是服从毫不宽容的理性命令；后者的根据客观地存在于事物的品格之中，只要这些事物普遍地必须由纯粹理性来判断，而不是以禀好为根据，而这种禀好决不由于那些我们仅仅出于主观根据所希望的东西的缘故，就有正当理由立即认定其手段是可能的或认定其对象是完全现实的。于是，这是一个有其绝对必然的意图的需求，它证明它的设定不仅作为被允许的假设，而且

是切近地规定一个充任其他存在者源始根据的必然存在者的概念，并且也因此标明这个必然存在者。若无这样一些先行的必然的问题，就没有任何需求，至少没有纯粹理性的需求；其余的则是禀好的需求。

作为具有实践意图的公设是有正当理由的；既然已经承认，纯粹道德法则作为命令（不是作为明智的规则）毫不宽容地与每个人联结在一起，那么品行端正的人就很可以说，我愿欲：有一位上帝，我在这个世界的此在，在自然连接之外仍然是一个纯粹知性世界里的此在，最后，我的持存是无穷的，我坚信这些并且决不放弃这个信仰；因为这是我的关切不可避免地决定我的判断而无需在意诡辩的唯一情形，盖缘我不应该让我的关切有一丝一毫的减弱，尽管我也许难以答复那些诡辩，或难以用更其表面的诡辩来反对它们。[①]

*　　*　　*

为在应用纯粹实践理性信仰这样一个不同寻常的概念时防范 144
误解，尚请允许我再添一解释。—— 看起来情形几乎是这样：仿佛这个理性信仰在这里甚至作为一道命令被颁布出来，这就是认定至善是可能的。但是，一种颁行的信仰乃是无稽之谈。但是，人们如果记得前面关于在至善概念里所要求认定的东西所做的申解，那么他们就会明白，认定这种可能性完全无需命令，承认这种可能性也不需要实践的意向，而且思辨理性必定无需请求就许可

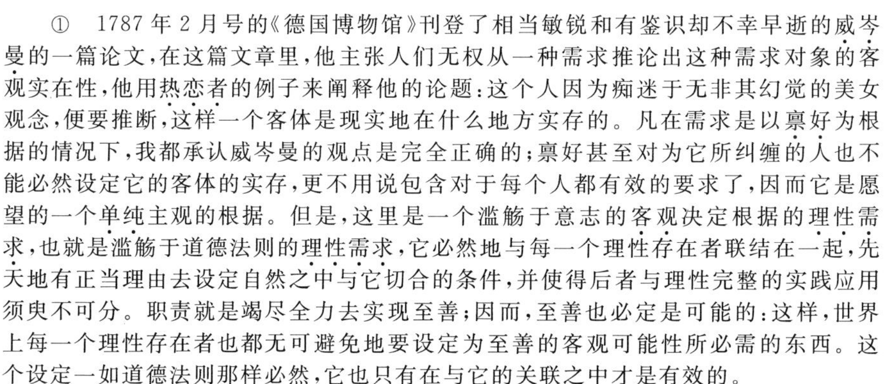

① 1787 年 2 月号的《德国博物馆》刊登了相当敏锐和有鉴识却不幸早逝的威岑曼的一篇论文，在这篇文章里，他主张人们无权从一种需求推论出这种需求对象的客观实在性，他用热恋者的例子来阐释他的论题：这个人因为痴迷于无非其幻觉的美女观念，便要推断，这样一个客体是现实地在什么地方实存的。凡在需求是以禀好为根据的情况下，我都承认威岑曼的观点是完全正确的；禀好甚至对为它所纠缠的人也不能必然设定它的客体的实存，更不用说包含对于每个人都有效的要求了，因而它是愿望的一个单纯主观的根据。但是，这里是一个滥觞于意志的客观决定根据的理性需求，也就是滥觞于道德法则的理性需求，它必然地与每一个理性存在者联结在一起，先天地有正当理由去设定自然之中与它切合的条件，并使得后者与理性完整的实践应用须臾不可分。职责就是竭尽全力去实现至善；因而，至善也必定是可能的：这样，世界上每一个理性存在者也都无可避免地要设定为至善的客观可能性所必需的东西。这个设定一如道德法则那样必然，它也只有在与它的关联之中才是有效的。

它；因为确实没有人想能够断定，世界上理性存在者与道德法则切合而得到幸福的配当，和所拥有的与这种配当相称的幸福，是**不可能**自在地处于联结之中的。现在，就至善的第一种因素，即关涉德性的因素而论，道德法则向我们颁布了一个命令，而怀疑那个因素的可能性也就等于使道德法则本身成为疑问。但是，就关涉那个客体的第二种因素，也就是与那个配当彻底切合的幸福的东西而言，虽然承认一般幸福的可能性完全无需命令，因为理论理性对此
145 毫无异议；唯有我们应当**如何**设想自然法则与自由法则和谐一致的**方式**，就法则而论却具有某种我们可以**选择**的东西，因为理论理性对此不做任何具有确凿无疑的确定性的决定，并且就后者而言，一个起决定作用的道德关切是能够存在的。

上面我已经说过，依照世界中单纯的自然进程，与德性价值精确切合的幸福是无法期待的，是被看作不可能的，于是这一方面的至善可能性只有在设定一个道德的世界创造者时才能够得到承认。我原先经过慎重考虑暂时不把这个判断限制于我们理性的**主观**条件，为在许可它的方式得到切近的规定之后才应用这个限制。事实上，所谓的不可能性是**单纯主观的**，亦即我们的理性发现，它**不可能**在一个单纯的自然进程里面，领会在两种依照迥然有别的法则发生的世界事件之间一种如此精确切合和彻底合目的性的联系；虽然就如其他自然中合目的性的东西一样，理性仍然不能证明这种依照普遍自然法则的联系的不可能性，亦即不能从客观根据来充分说明这种不可能性。

然而现在另外一种决定性根据参与进来，为在思辨理性的依违不定之中下出决定性的一着。促进至善的命令是（在实践理性

里面）有客观根据的，至善的可能性一般地说同样是（在对此毫无异议的理论理性里面）有客观根据的。不过，我们应当如何表象这种可能性的方式，无论依照普遍的自然法则而无需主宰自然的智慧创造者的方式，还是仅仅以设定这个创造者的方式，乃是理性不能客观地决定的。现在理性的一种主观条件在这里露面了：对于理性而言，这是将自然王国与道德王国之间精确的协调一致设想为至善的可能性条件，唯一在理论上可能而又同时有益于道德性（它居于理性的客观法则之下）的方式。因为促进至善并从而设定它的可能性是客观（但只是按照实践理性）必然的，但同时我们要以何种方式设想它是可能的，则要由我们选择，不过在这种选择中，纯粹实践理性的自由关切决定认定一个智慧的世界创造者：这 146
样，在这里决定我们判断的原则，虽然主观上作为需求，但同时也作为促进客观上（实践上）必然的东西的手段，是具有道德意图的认可之准则的根据，亦即纯粹实践的理性信仰。但是，这种信仰不是颁行的，而是既有益于道德的（颁行的）意图而又与理性的理论需求一致的我们判断的自愿决定：认定创造者的实存并使其成为理性进一步应用的基础；这种信仰自发地起源于道德意向；于是它甚至在善良人身上也可能常常动摇不定，但决不可能流于无信仰。

九　人类认识能力与人类实践决定的明慧比配

如果人类本性是注定要追求至善的，那么他们各种认识能力的程度，尤其这些能力彼此之间的关系，必定也被认定是适合于这个目的的。但是，纯粹思辨理性批判现在证明，思辨理性无力以切合这个目的的方式解决交付给它的这个极端重要的任务，尽管它并不低估这同一个理性的自然的和不应忽视的暗示，同样也不低估它能够迈出的巨大步伐，以接近这个已经为它标志出来的伟大目标，但它即使借最博大的自然知识之助，也决不能达到这个目标。于是，这里自然在我们看来像继母一样，仅仅供给我们为达到我们的目的所必需的能力。

现在假定，自然在这里对我们的愿望百依百顺，授予我们以我们倾心以求的或一些人误以为自己已经现实地具备的洞见力或觉悟，那么由此而来的结果皆从其外表来看会是什么呢？倘若我们
147 全部的本性没有同时改变，那么总是第一个开口的禀好就会首先追求它们的满足，而一经与合理的思考结合之后，就会在幸福的名义之下追求它们最大可能的和经久的满足；道德法则随后才发言，以将那些禀好纳入与它们相当的范围之内，甚至将它们一概置于一个较高的、不顾及任何禀好的目的之下。但是，道德意向现在不得不与禀好斗争，在这场斗争中几经失败之后，心灵的道德力量就会逐渐养成，上帝和永恒就会以它们令人生畏的威严取代这种斗争而持续不断地立在我们眼前（因为我们能够完满地证明的东西对我们来说，是与我们因亲眼目睹而确信的东西一样可靠的）。犯规之事当然应予以避免，受命之事要予以施行；但是，因为行为应当所由从出的意向是不能由命令灌注进去的，否则这里对活动的鞭策当下就是在手头的和外在的，这样，理性首先就无需自行努力，以通过法则尊严的生动表象积蓄力量来抵抗禀好，在这种情况下，大多数合乎法则的行为就会因畏惧而发生，仅有少数合乎法则的行为会因希望而发生，而根本没有合乎法则的行为会因职责而发生；可是，在至上智慧眼中唯一维系个人价值乃至世界价值的行

为的道德价值，就根本不会实存了。只要人类的本性维持它现在的所是，那么人类的举止就会变成单纯的机械作用，在那里就如在傀儡戏里一样，一切**表演得**惟妙惟肖，但是在人物形象里面**不**会遇见**任何生命**。然而在我们这里完全是另一种状态，在这里，我们竭尽我们理性的全力也只有一个晦暗和无绪的未来前景，世界统治者只让我们猜测，不让我们瞥见，更不让我们清楚地证明它的此在和它的庄严；在另一方面，我们心中的道德法则确实没有预许我们某种东西或以之威胁我们，而要求我们无私的敬重，但是在这之外，只有在这种敬重活跃起来并居于主导地位之后，并且仅仅通过这一点道德法则才允许我们，而且也仅仅以微弱的视线，对超感性的东西的王国有一个展望：于是真正德性的、直接奉献于法则的意向就能够发生了，理性的创造物能够配当分享至善，后者是与他个人的道德价值而不单单与他的行为相切合的。这样，自然研究和 148
人的研究在别处谆谆教导我们的东西，在这里也是相当正确的：我们借以实存的那个玄妙莫测的智慧应得的尊敬，在它拒绝给予我们的东西方面并不比在它允许我们得到的东西方面小。

第二部

纯粹实践理性方法论

所谓纯粹实践理性的方法论，我指的不是为了纯粹实践原理的科学认识而（不仅在思考时而且也在陈述时）措置这种原理的方式，只有这种措置原本在理论理性里面称为方法（因为通俗的认识需要一种手法，但科学需要一种方法，亦即依照理性原则的措置，认识的杂多只有借此才能成为一个体系）。相反，在这里方法论是指：我们如何能够裁成纯粹实践理性的法则进入人类的心灵，以及裁成它们对于这种心灵的准则的影响，亦即如何能够使客观的实践理性在主观上也成为实践的。 151

现在非常清楚，唯一使准则成为真正道德的并且赋予它们以德性价值的意志的决定根据，即法则的直接表象和作为职责而对法则的客观必然的遵守，必须被表象为行为的根本动力；因为否则行为的合法性虽然可以产生，而意向的道德性却不会产生。然而，尚不清楚的是，更确切地说，乍见之下必定使每个人都觉得完全难以相信的是，甚至在主观方面关于纯粹德行的那种描述，就能够比一切由愉快的托词或一切由人们一般算作幸福的东西所产生的诱惑，甚或一切痛苦和祸害的威胁，对于人的心灵具有更大的力量，提供一个更强的动力，以造就行为的那种合法性，以产生更有力的决定，从对法则的纯粹敬重出发选择法则而非任何其他的瞻顾。然而事实上情况就是如此，并且如果人的本性不是这样生成的，那 152
么没有哪一种法则的表象方式会在什么时候通过转弯抹角和劝告的手段产生出意向的道德性来。一切就会是纯粹的伪善，法则就会受到厌恶或者甚至受到蔑视，即使同时人们出于个人利益仍然

遵守它。法则(合法性)的条文可以在我们的行为中见及,但法则的精神却全然不会在我们的意向(道德性)中见及;因为我们竭尽全力也不能够在我们的判断中完全摆脱理性,所以我们就必定会不可避免地在我们自己的眼中显得是毫无配当、堕落邪恶之人,即使我们曾同时试图借助如下之举来弥补在内心法官之前所受的这番侮辱:我们让自己沉醉于这样一类愉快,它们被认为已经由一个我们假定的自然的和上帝的法则依照我们的幻想联结到了一架警察机器上面,后者的运行单单针对人们的所行之事,而不关心人们为什么如此行事的动机。

我们确实不能否认,为了把一个未受过教育的或粗野的心灵带到道德一善的轨道上来,需要一些预备性的指导,或以他个人的利益诱导他,或以损失来威吓他;一当这些机械工作,这种襻带产生了某种效果之后,纯粹道德的动机就必须完全导入心灵;这不仅因为唯有这种动机建立了品格(实践中依照不变的准则前后一贯的思想方式)的基础,而且还因为当它教导人们感受自己的尊严时赋予心灵一种甚至出其望外的力量,以挣脱一切正想占据统治地位的感性依赖性,并且在他理智本性的独立性和心灵的伟大里面,为他所做出的牺牲寻得充分的补偿,而他看到自己是注定具有这种独立性和伟大的。于是,我们将通过每个人都能够进行的观察来证明,我们心灵的这种性质,对于纯粹道德关切的这种接受性,从而德行的纯粹表象的这种推动力量,当被恰如其分置入心灵时,乃是行善的最强大的动力,而当事关遵守道德准则的持久和严格
153 时,乃是行善的唯一动力;与此同时,我们仍然必须记住,倘若这个观察只是证明这样一种情感的现实性,但不证明由此而实现的德

性的改善,那么这就无损于单纯通过职责的纯粹表象使纯粹理性客观实践的法则成为主观实践的唯一方法,同样也不证明这个方法乃是一个空洞的幻想。因为既然这种方法尚未行之于世,那么经验也就不能指出它的任何后果来;我们只能要求接受这种动力的证明,我现在将概要地举示这种证明,然后简洁地勾勒出建立和教化真正道德意向的方法。

如果人们留心不仅有学者和辩士,还有商人和妇女等各色人等参加的社交聚会中的交谈,那么就会注意到,除了讲故事和戏谑之外,还有一种消遣,也就是辩难;因为故事如果应当新颖有趣,不久就会讲完,而戏谑却容易乏味。但是,在一切辩难之中,最能引起那些原本对一切论辩很快感到无聊的人来参与,并且使这个聚会活泼起来的,无过于关于这个或那个行为的德性价值的辩难,某个人的品格也就会由此澄淘出来。当事关澄清一个所说及的善良的或恶劣的行为的道德含义时,原本对理论问题中一切微妙和冥思苦索觉得枯燥和伤神的人,立刻就参与进来,并且以远过于人们在任何其他思辨客体上面所期待于他们的程度,如此精确,如此冥思苦索,如此精细地考虑一切可能减低这个行为意图纯粹性从而减低德行程度的东西,或者甚至只是可能使它们令人生疑的东西。人们常常能够看到对他人做判断的人本身的品格在这类判断中闪现出来。他们中的一些人,尤其当他们在对已故者行使他们的法官职务时,特别倾向于为传说中的这种或那种行动的善辩护,以反驳行为不端的伤人异议,终而为这个人的全部德性价值辩护,以反驳虚伪和阴险恶毒的指责,与此相反,另外一些人更倾向于寻思指控和非难,以攻击这种价值。然而人们不能总是以为后者有要论 154

证一切人类榜样那里完全没有德行的意图,从而使德行成为一个空名,其实这常常只是在依照不容情的法则规定真正德性含义时的善意的严格;在与这个法则而不是与榜样比较时,道德事务中的自负大为降低,谦卑不但得以教授,而且也为每个人在其深刻的自我反省中感受到。尽管如此,我们经常在那些为所与榜样的意图纯粹性辩护的人那里看到,凡在他们推测有端正品行的地方,他们就颇想拭去哪怕最微小的污点,他们的动机在于,以此避免在一切的榜样真实性都受到怀疑,一切人类德性的纯粹性都为人否定之后,德行最终被人完全当作一个单纯的幻想,于是一切向着德行的努力都被鄙视为矫揉造作和虚假自负。

理性这种乐意对所提出的实践问题进行极其精细考察的倾向,我不知道为什么教育青年的导师长久以来未曾予以应用;为什么他们给单纯的道德问答手册建立了基础之后,不搜索古今的人物传记,以便现成地证明他们所宣明的那些职责;他们原可以借此首先通过比较不同环境中的类似行为,促使他们的学生启用他们的判断,以注意这些行为或小或大的道德含义;在这里他们会发现,甚至那些原本尚不足以胜任所有思辨的青少年立即变得非常敏锐起来,并且就此发生了不小的兴趣,因为他们感觉到了自己判断力的进步;但是,最为重要的是,他们确实能够希望,经常练习认识和赞扬有其完全纯粹性的良好举止,又同样练习怀着遗憾或蔑视之情注意甚至对这种纯粹性极其些微的偏离,就会对高度尊重某一方面而厌恶另一方面留下持久的印象,即使在那时这个练习只是一个孩子们可以借以相互竞赛的判断力游戏;这些判断力通过
155 把这些行为看作值得赞扬的或值得谴责的单纯习惯,会为将来生

活作风中的端正品行构成一个良好的基础。我只是希望，不用充斥我们那多愁善感的书籍的所谓高贵(超级功业的)行为的例子来扰乱他们，而把一切都单单放置在职责上，放置在一个人能够和必须在他自己眼里通过未违背职责的意识给予自己的价值上，因为凡事一流于空洞的愿望和对于无法攀及的完满性的向往，就只产生那类小说主角，他们由于为自己过度的伟大而自豪，就让遵守普通和平凡的本分给自己蠲免了，因为这在他们看来乃是渺小而无意义的。①

但是倘若有人问，究竟什么是人们必须以之为试金石来检验每一种行为的纯粹德性，那么我必须承认，唯有哲学才能够使这个问题的决定发生疑问；因为在普通的人类理性那里，它早已经有如左右手的分别一样被决定了，虽然不是通过抽象的一般公式，而是通过习惯的应用决定的。我因而将首先在一个例子上指出纯粹德行的检验标志，并且同时设想这个例子放到了某个十几岁的男孩面前让他来判断，看看他是否不经老师指点自己也必然这样判断。人们讲述了一个正直人的历史，有人想劝这个正直人参与诬告一个无辜又无权势的人(比如，英国亨利八世所控告的安妮·博林)。
这些人许以好处，亦即许以重贿和高位，他谢绝了。这只会在那个 156
听者心中引起赞扬和嘉许，因为它是好处。现在这些人开始以损

① 赞美那些突现出伟大、无私和富于同情的意向和人性，是完全恰当的。但人们在这里不应该过多关心太短暂易逝的灵魂升华，而必须多留意能够期以长久印象的委心职责，因为后者具有原理(但前者只具有冲动)。人们只要稍一反省，他们就总是会发现，他们由于某种原因对于人类负有一种责任(即使这种责任仅仅在于，自己由于公民宪法下人类的不平等享受了一种优越地位，由于这个缘故他人必定更其匮乏)，从而不使职责的思想受到自以为是的功业想象的压制。

失相要挟。在这些诬告者中间，有他的密友，他们现在宣称要断绝与他的友谊；有他的近亲，他们威胁要剥夺他的继承权（他没有财产）；有权贵，他们能够在任何地点任何情况下迫害和刁难他；有君主，他威胁要剥夺他的自由，乃至他的生命。但是为了使他的苦难达到顶点，也为了让他感受只有德性善良的心灵才能真切感受到的那种痛苦，人们可以设想，他那受到极度困苦贫穷威胁的家庭恳求他顺从，而他本身虽然品行端正，但在这一时刻对于同情和自己的困苦却非情感僵硬和无动于衷，因为此时他正希望不再过那种使他遭受无法言表的痛苦的日子，然而他仍旧维持他正直的决心，并无动摇和怀疑：这样我这位年轻的听者就会逐步从单纯的嘉许上升到景仰，从景仰上升到惊异，最终上升到极大的崇敬，上升到一种甚至能够成为这样一个人（尽管当然不是在他的那种情况下）的强烈愿望；在这里德行仍然仅仅因为它付出多大而有多大的价值，而不是因为它带来某种东西而有价值。整个景仰，乃至仿效这种品格的努力在这里完全取决于德性原理的纯粹性，而我们只有从行为的动力之中排除人们只可以算入幸福的东西，这种纯粹性才能真正地呈现出来。于是，德性表现得愈纯粹，它必定对人心愈有力量。由此得出如下结论：倘若道德的法则、神圣性和德行的形象要对我们的心灵处处施行某种影响的话，那么它们只有在作为纯粹而不混杂任何福乐意图的动力被安置在心灵上时，才能够施行这种影响，因为正是在苦难之中它们才显出自身的庄严崇高来。但是，某种东西之清除加强了推动力量的作用，这种东西就必定是一个障碍。因而任何掺杂了取自于自己幸福的动机的混合物，都妨碍道德法则对人类心灵产生影响。——我进而断定，甚至在那

种受到景仰的行为之中，如果行为所由从出的动机是对他职责的 157
高度尊重，那么正是对法则的这种敬重，而非自命的内在的慷慨和高贵的功业思想，恰好对旁观者的心灵具有最大的力量，从而职责，而非功业，不仅必定对于心灵具有最为决定性的影响，而且如果它在自己不可侵犯性的澄明中呈现出来，还必定具有最为透辟的影响。

在我们这个时代，人们更希望以顺从柔软的情感，或以轻飏嚣张的并且令人心萎缩而非强健的狂妄要求来调校心灵，而不是通过枯燥而严肃的职责表象来调校心灵，而这种表象切合人类的不完满性及其向善的进步，所以现在提示一下这个方法就比任何时候更为急迫。把所谓高贵的、慷慨的和求功业的行为树立为孩子们的范本，而其意旨在于通过灌输对于这类行为的热情来收服他们，这全然是南其辕而北其辙。因为他们在遵守最普通的职责上面，甚至在正确地判断这种职责上面，还那样远远地落在后面，所以这就恰好等于及时地把他们造就成幻想家。但是，甚至连在有教养有阅历的人那里，这种臆想的动力对于人心，如果不是有害的作用，至少也没有真正的道德作用，而后者正是人们想要借此实现的。

一切**情感**，尤其是要产生非同寻常的努力的情感，必须在它激烈的时刻，并且在它耗尽之前发生作用，否则它就不发生任何作用：在这个时候人心自然而然地回复到其自然温和的生命活动，由此衰落到它先前所处的精疲力竭的状态；因为某种刺激它的东西，而非加强它的东西被给予了它。**原理**必须树立在概念之上，在一切其他基础上面只有心血来潮，后者不能为个人裁成道德价值，甚至还不能裁成对自己的信任，而若无这种信任，他的道德意向和这

样一种品格的意识，人类之中的至善，就完全不能够发生。这些概念如果要成为在主观上实践的，它们就不应当保持为德性的客观法则，以便在与一般人类的关联中让人景仰，让人高度尊重，相反必须在与人及其个体的联系中观察它们的表象；因为在这里那条
158 法则虽然出现在配当无上敬重的形式中，却并非出现在那么令人喜欢的形式里：仿佛它属于他已经自然而然地习惯了的因素，相反，它迫使他抛弃这些因素，自我克制，献身于更高的因素，在这种情况下他只有以勤勉、以对退步的不断忧虑才能维持自己。一言以蔽之，道德法则要求对它的遵守出于职责而非出于偏爱，后者是人们完全不能够不应当预先设定的。

让我们在一个例子里面看看，是否在把一个行为表象为高贵的和慷慨的行为的观念里，比当这个行为被单纯地表象为与严肃的道德法则相联系的职责时，动机有更大的主观推动力量。某个人冒着巨大的生命危险奋力从船难事故中救助他人，最后因此献出生命；这个行为虽然一方面算作职责，但是另一方面并且大半也算作功业的行为，不过我们对于这个行为的高度尊重，或许由于**对自己的职责**这个概念而大为减弱，在后一种情况下职责看来罹受了侵犯。为保卫祖国慷慨捐躯是更为重要的，然而它是不是如此完满的职责，以至于无需命令就自动地献身于这个目标，仍然是尚存一些疑虑的；并且这个行为没有模范和促使起而效仿的充分力量。但是，倘若它是无可避免的职责，违反它本身就损害了道德法则而无需瞻顾人类福利，并且似乎践踏了它的神圣性（人们习惯于称这种职责为对于上帝的职责，因为我们把上帝思想为具有实体形式的神圣性理想），那么我们向以牺牲一切对于我们全部禀好最

内在的部分始终有价值的东西而遵守职责的做法，奉上最完满的高度敬重；并且当我们就这个例子能够使自己确信，人类的本性能够达到如此高度的升华：超越一切自然可以征募来作为反对它的动力的东西时，我们发现我们的心灵由于这样一个例子而刚健起来，得到了升华。**尤维纳利斯**曾经把这样的例子表现到了极致，使读者生动地感受到居于作为职责之职责的纯粹法则之中的动力的力量：

战士当勇，监护应善，法官须廉，
悬案原为疑情，一旦召为见证，
任凭法拉里斯[①]亲布铜牛，令尔屈陈伪言， 159
仍然坚信舍荣誉而求生存
罪恶莫大，勿为苟全性命抛弃
一切使此生变得有价值的本真。

（Esto bonus miles，tutor bonus，arbiter idem
Integer；ambiguae si quando citabere testis
Incertaeque rei，Phalaris licet imperet，ut sis
Falsus，et admoto dictet periuria tauro：
Summum crede nefas animam praeferre pudori，
Et propter vitam vivendi perdere causas.）

无论任何时候我们把夸耀功业的念头带入我们的行为，动力随后就已经混杂进某种自爱的东西，于是得到了来自感性层面的

---

① 法里拉斯（Phalaris，？—约公元前554年）：西西里的阿克拉加斯的僭主，以凶狠毒辣而臭名昭著。据说他曾经把活人放在铜牛里烧死，把人们的惨叫声当作牛的吼声来听。——译者注

一些襄助。但是，将所有一切置于职责的神圣性的后面，并且意识到我们之所以能够这样做，乃是因为我们自己的理性承认这是它的号令，并且说，我们应当这样做，这就仿佛把自己整个地提高到感性世界之上，并且是在关于这样一种法则意识，即作为支配感性的一种能力的动力的法则意识之中，不可分割地即使并非始终与效果联结在一起；但是通过常常琢磨那个动力和起初些小的应用尝试，这种效果给出了实现自身的希望，以便在我们心中渐渐对它产生最大的，但纯粹道德的关切。

于是这个方法采取了下列的进程。第一步所要做的是，使依照道德的法则进行判断成为自然的、与我们自己的自由行为以及对别人自由行为的观察相伴随的研习，使之仿佛成为习惯，并且我们通过首先质问：这个行为是否客观地合乎道德的法则，并且合乎哪一种道德法则，而使这个判断敏锐起来；在这里我们注意把单单为义务提供根据的法则与那事实上就是义务的法则(leges obligandi a legibus obligantibus)区别开来(譬如，人类的需求所要求于我的东西的法则，与之相对的，人类的权利所要求于我的东西的法则，后者指定本质性的职责，但前者仅仅指定非本质的职责)，从而教授如何区别汇聚在一个行为里的如此不同的职责。另一个必须予以注意之点是如下的质问：这个行为是否(在主观上)为了道德法则的缘故发生的，因而是否它不仅具有作为行为的正确性，而且还具有作为依照准则的意向的德性价值？现在毫无疑问的是，这个练习和关于由此生发的教化的意识，即关于教化我们单单对
160 实践的东西进行判断的理性的意识，必定会渐渐地甚至对这个理性的法则，从而对德性上善良的行为产生一种关切。因为观察某

种东西让我们感受到我们的认识能力得到了拓展的应用，我们最终就喜欢上这种东西，而我们在其中遇见道德正确性的东西就首先促进这种应用；理性与其先天地依照原则规定所应当发生的东西的能力，在事物的这样一种秩序里感到满意。甚至一个自然观察者得到一个对象，它起初让他感觉到是猥琐的，最后当他发现这个对象的组织极其合乎目的性，因而他的理性以观察这个对象为乐事时，他就喜欢上了它；莱布尼茨在用显微镜仔细观察一个昆虫后，将它怜惜地放回到树叶上去，因为他觉得自己由于这一回亲眼目睹得到了教益，从它那里仿佛享受到了一种快事。

判断力的这种研习让我们感受到我们自己的认识能力，但它还不是对行为及其道德性本身的关切。它所成就的无非是，人们乐意以这样一种判断为消遣，给予德行或依照道德法则的思想方式以美的形式，后者受到景仰，但因此还不为人追求（laudatur et alget［它受到赞扬并饥寒而死］），犹如所有那样一类事物，对它们的观察在主观上产生了我们想象力和谐的意识，并且在这里我们感受到我们整个的认识能力（知性和想象力）加强了，带来了一种惬意，后者也可以传达给别人，在这里客体的实存对于我们来说仍然是无足轻重的，因为它仅仅被看作领会我们心中高于动物性的那些才具的起因。但是，现在第二种练习开始它的劳作，也就是在就某些实例生动地描述道德意向时关注意志的纯粹性，后者起初只是作为意志的否定的完满性，只要在一件作为职责的行为里面，完全没有任何禀好的动力作为决定根据影响意志；这样一来，学生的注意就将保持在对他的自由的意识上面，并且虽然这种放弃引起了开始时的痛苦感觉，然而由于它从那个学生那里抽取了甚至

真实的需求，就同时宣告它从所有这些需求将他纠缠在里面的五花八门的不满足中解放了出来，而心灵也被造就得易于接受来自
161 其他源泉的满足的感受。内心确实摆脱了始终秘密地压迫它的重负；并且当在已有实例呈现于前的那些道德决定上面，一个内在的、甚至人们原本从未正确认识的能力，**内在自由**，向他们揭示了出来的时候，内心得以轻松起来，使自己解除了禀好的剧烈逼迫，以致没有任何禀好乃至最令人喜爱的禀好影响一个决定，这种决定现在我们应当利用我们的理性来做出。有这样一种情形，在那里**只有我一人晓得**，错误在我这一边，虽然坦白承认和提出赔偿与虚荣、自私、甚至对其权利因我而减损的那个人的原本就不正当的厌恶，大相抵触，我仍旧能够抛开所有这些顾虑，那么一种对于种种禀好和机遇的独立性意识和自足的可能性意识就蕴涵在其中了，这一点即使在各种其他意图方面对我也是有益的。现在凭借因遵守法则让我们感受到的肯定的价值，职责的法则找到了通过**对于我们自己的敬重**进入我们自由的意识的方便之门。一旦自由确实奠立之后，当人们深感畏惧的莫过于在内心的自我反省中发现自己在自己的眼中是可鄙而无耻的时候，那么此时每一种德性善良的意向都能够嫁接到这种自由上去；因为我们自由的意识是提防心灵受低级的和使人败坏的冲动侵蚀的最佳的、确实唯一的守望者。

我原先想借上述文字仅仅指明道德教育和练习的方法论的最为一般的准则。因为职责的多样性要求对于每一种职责有特别的规定，而这样一来就会是一件汗漫的事务，所以当我在这样一部仅为引论的著作里只限于诠证这样一些纲要，人们也就会原谅我了。

结　论

有两样东西，我们愈经常愈持久地加以思索，它们就愈使心灵充满日新又新、有加无已的景仰和敬畏：**在我之上的星空和居我心中的道德法则**。我无需寻求它们或仅仅推测它们，仿佛它们隐藏 162 在黑暗之中或在视野之外逾界的领域；我看见它们在我面前，把它们直接与我实存的意识连接起来。前者从我在外在的感觉世界所占的位置开始，把我居于其中的联系拓展到世界之外的世界、星系组成的星系以至一望无垠的规模，此外还拓展到它们的周期性运动，这个运动的起始和持续的无尽时间。后者肇始于我的不可见的自我，我的人格，将我呈现在一个具有真正无穷性但仅能为知性所觉察的世界里，并且我认识到我与这个世界（但通过它也同时与所有那些可见世界）的连接不似与前面那个世界的连接一样，仅仅是一种偶然的连接，而是一种普遍的和必然的连接。前面那个无数世界的景象似乎取消了我作为一个动物性创造物的重要性，这种创造物在一段短促的时间内（我不知道如何）被赋予了生命力之后，必定把它所由以生成的物质再还回行星（宇宙中的一颗微粒而已）。与此相反，后者通过我的人格无限地提升我作为理智存在者的价值，在这个人格里面道德法则向我展现了一种独立于动物性，甚至独立于整个感性世界的生命；它至少可以从由这个法则赋予

我的此在的合目的性的决定里面推得，这个决定不受此生的条件和界限的限制，而趋于无限。

然而，景仰和敬重虽然能够刺激起探索，但不能代替探索。现在为了以有用的和与题目的崇高性相切合的方式从事这个探索，应该做什么呢？实例在这里可以充任警戒，但也可以用为模仿。对世界的观察发轫于这样一种壮丽景象，这种景象人类感官总是能够将它呈现在面前，我们知性总是能够克己追寻其广大，而终结于——占星学。道德学发轫于道德本性的高贵性质，这种性质的发展和教化指向一种无穷的益处，终结于——热狂或迷信。所有尚属粗粝的尝试都流于此；在这些尝试里，绝大部分事务都取决于理性的应用，而这种应用不像脚的应用那样，凭借经常练习就自动
163 发生，当它关涉不会在通常经验里直接呈现出来的性质时，尤其如此。但是，在如下这个准则开始流行之后，即预先仔细地考虑理性准备采取的每一步骤，并且只许它们在预先反复思考过的方法轨道上前行，不论多么迟延，对世界大厦的判断就进入了完全另外一个方向，并且连它一起得到了一个无可比拟的幸运出路。石头的降落，投掷器的运动，它们之被解析为它们的元素和由此表现出来的力量，以及从数学方面所做的研究，最终产生了对世界结构的那个清楚的、世世代代永无改变的洞见，这个洞见能够随着继续进行的观察有望一直拓展自身，但永远不必害怕倒退回去。

这个例子可以推荐我们在处理我们本性的道德才具时走上同样的道路，并且能够给予我们类似好结果的希望。我们手头毕竟有若干从事道德判断的理性实例。把这些实例解析成它们的元素概念，不过在缺乏**数学**的情况下，采用类似于**化学**的过程，把存在

其中的经验的东西与理性的东西加以区别，在普通的人类知性上面反复试验：这就使我们能够确切地辨别两者的纯粹状态以及每一种独自能够成就什么；于是，我们将一方面避免尚在粗粝而不熟练的判断误入歧途，一方面（这是更其急迫的）避免才华横溢，通过后者，就如在聪明的点金术士那里常常发生的那样，尚无方法论的探索和关于自然的真正认识，梦想的珍宝就先行许出，而真正的珍宝却被挥霍掉了。一言以蔽之，（以批判的方式觅得的和从方法上导入的）科学是导向智慧学的狭窄之阏，倘若所谓智慧学不仅是指人们应当做的事，而且还指应当充任教师们的准绳的东西，为着他们既顺利又明显地开辟每个人应当行走的通向智慧之路，并确保他人不入歧路：这是一门哲学必须时时保持为它的监护者的科学，公众对于它的精微研究没有兴趣，但对于在这样一个诠证之后才首先使他们豁然开朗的学说却大有兴趣。

索　引

（本索引按汉语拼音字母顺序排列，词条后面所注页码是普鲁士科学院《康德全集》第5卷[Kants gesammelte Schriften. V, heraus. von Königlich Preussischen Akademie der Wissenschaften, 1922]的页码，即本书的边码）

A

阿那克萨克拉（Anaxagoras）140。

爱（Liebe）禀好的本能的爱和敬重的实践的爱 81—7，参见 76 及以下，131。

爱邻人（Naechstenliebe）83 及以下。

傲慢（Arroganz）86。

B

柏拉图（Plato）93，128 注，140。

榜样（Urbild）32，参见 43，83，128 注，128。

被造物/创造（Schoepfung）被造物/创造的概念 101，102 及以下，125，130 及以下。

本能（Instinkt）与理性相对 61，96。

本能的（pathologische[与实践的相对]）75，76，120；本能的情感 76，80；本能的法则 33，34；本能的爱 82；本能的自我 74；本能的动力 85 及以下；本能的原因 79；本能的意愿 37。

本体（Noumena[与**法象**相对]）6 以下，42，49，55 以下，92 以下，97 及以下，102 及以下，114 以下较常用；参见**物自身**。

必然性（Notwendigkeit）主观的和客观的必然性 4，12 及以下，20 及以下，22，25，36，51，125；感受到的和洞察到的必然性 15；自然的和实践的必然性 26；道德必然性 81。

辩难（Räsonieren）153。

辩证论（Dialektik）纯粹实践理性的辩证论 16，64，107 及以下；在规定至善时的辩证论 110 及以下，纯粹思辨理性的自然的辩证论 103—104。

表（Tafel）自由范畴表，见**范畴** 2；德性的质料原则表 49，参见 41。

禀好（Neigungen）禀好以情感为基础 73，74；与理性相对 32，142 注；与职责相对 37，80 及以下，85，118，160 及以下较常用；与实践法则相对 28，30 及以下，44，80 及以下较常用；与敬重的情感相对 73 及以下；＝本能的爱 83；禀好的总体 72 及以下，参见 146 及以下；禀好的剧烈逼迫 161；禀好总是第一个开口 146；精致的和粗糙的禀好 39；禀好是盲目而奴颜婢膝的 118。

博学/学者（Gelehrsamkeit/Gelehrter）

（与理性科学，哲学相对）137，138 注，参见 52。

不平等（Ungleichheit）人的不平等 155 注。

不朽（Unsterblichkeit）定义不朽 122 及以下；不朽作为理念 4，13，134，137；不朽作为公设 12 注，122－124，132。

C

才华横溢（Genieschwünge）（与方法论的探索相对）163。

阐明（Exposition）（与演绎相对）的道德法则的阐明 48。

超凡入圣（Heiligung）123 注。

超感性的东西（Übersinnliche）超感性的东西 55，56 及以下，71，103，141；参见**理智的，自然，本体**。

超验的（transzendent）超验的和内在的 105，133，135；理性的超验应用 48；参见 16。

惩罚（Strafe）惩罚的概念和目的 37 及以下；惩罚和奖赏 38，参见 101。

冲突（Widerstreit）见**二律背反**。

崇高性（Erhabenheit）我们的天职崇高性 87；神性的崇高性 82；行为的崇高性 84；职责的崇高性 86；道德法则的崇高性 162；我们本性的崇高性 117，参见 88。

创造物（Geschöpf）82。

纯粹理性批判（Kritik der reinen Vernunft）5 及以下，9 注，10，15 及以下，42，44，45，50 及以下，52，54，146。

纯粹实践理性基本法则（Grundgesetz der reinen praktischen Vernunft）（＝道德法则[Sittengesetz]）31－34。

存在/存在者（Wesen）与人相区别的一般的理性存在者 13，15，19，25，32，82，85，87，131。

D

道德法则/道德的法则（Sittengesetz/moraliches Gesetz）31，道德法则全文 30；道德法则是神圣的 32，77，87，132；纯粹的道德法则 32；道德法则是定言命令 36；道德法则指示一个理智世界 42，参见 43 及以下，99；道德法则是纯粹理性的一个事实 47；道德法则证明自由概念的正当性 47，参见 29 及以下；道德法则自身无需正当性证明 47；道德法则是自由的决定根据 56；纯粹意志的道德法则 56，77 及以下；善的概念的道德法则，见**善**；作为动力的道德法则 76，88，117；法则既贬损 73 及以下，又提升 78，81；道德法则的轭是柔软的 85；道德法则自动进入心灵 86；＝自律 33，129；在道德法则面前，一切禀好无话可说 86；遵守道德法则出于职责而非出于偏爱 158；道德法则要求道德的神圣性 128；道德法则的庄严崇高 77；道德法则的客观实在性 47；道德法则不承认任何时间差别 99；道德法则不以畏惧或希望为基础 129；道德法则导至宗教 129；道德法则要求至善的实存 134；道德法则的作用趋于无限 162；参见（实践的）**法则**。

《道德形而上学基础》（*Grundlegung zur Metaphysik der Sitten*）8，8 注。

道德性（Moralität）38，85，132，160 较常用；道德性和合法性，参见**合法性**。

道德学（Moral）道德学定义 130；基督教的道德学，127 及以下。

道德学家（Moralisten）批判的道德学家 7；神学的道德学家 40，参见 115。

道德学说（Sittenlehre[与幸福学说相对]）41，92 及以下，129 及以下；基督教的道德学说 127 注，128。

道德原则(Moralprinzip)没有新的道德原则 8 注;基督教的道德原则 129;形式的和质料的道德原则,参见**形式的和质料的**。

德行 (Tugend)=处于斗争之中的道德意向 84;德行作为斯多亚派的道德原则,见**斯多亚派**;作为幸福条件的德行 110 及以下;与愉快相对 24;与神圣性相对 84;德行是力量 153,156 及以下;德行不是幻觉 154,参见 128;纯粹的德行 154 及以下;德行和美 160。

德性 (Sittlichkeit[参见道德性]) 德性的无上原则 8 注,32,33,39 及以下,参见 36,37,130 较常用;至善的第一因素 124;纯粹德性 155 及以下;德性和幸福 110 及以下。

定义 (Definition) 草率的定义 9 注。

动力 (Triebfeder) 纯粹实践理性的动力=意志的主观决定根据 71,75 及以下,78,87,参见 71—89;最强大的动力 152。

动力学法则 (dynamische Gesetze)42。

动物性 (Tierheit) 人性中的动物性 61。

对象 (Gegenstand),纯粹实践理性的对象 57 及以下;参见(至)**善**。

多愁善感的教育家或小说家 (empfindelnde Erzieher und Romanschreiber) 86,参见 155 及以下。

E

恶(Böse) 与祸害相对的恶 38,59 及以下;与不愉悦相对的恶 58。

恶棍(Bösewichter),天生的恶棍 99。

二律背反 (Antinomie) 纯粹思辨理性的二律背反 3,13,30,108 及以下,114,133;实践理性的二律背反 113—115;二律背反的扬弃 114—120。

F

法则 (Gesetz) 与原理和准则相对的(实践)法则 19,21—3,26,27 及以下,36;与规矩相对的法则 20,26 及以下,34;或规则 22,31;无条件的法则 29,31;先天的法则 62;一切法则的法则 83;道德的法则(moralisches Gesetz) 33,参见**道德法则**(Sittengesetz);动力学法则 42;自然的法则(physisches Gesetz) 44, 参见**自然法则**(Naturgesetz)。

范畴(Kategorien) 1. 自然的 65 范畴或知性的范畴,不能运用于本体的范畴 5 及以下,53 及以下,65,103 及以下;范畴的演绎 141;范畴区分为数学的和动力学的 104;纯粹知性的标志 9 注;范畴使经验成为可能 46 及以下,53,参见 64 及以下,95 及以下;2. 自由的范畴 65 及以下;自由范畴表 66,参见 56,67。

范型 (Typik) 纯粹实践判断力范型 67—71。

方法(Methode,=依照原则的过程) 151;应用伦理学的方法 153,参见 159;分析的和综合的方法 10;反复思考过的方法 163,参见化学的方法(过程)。

方法学说 (Methodenlehre) 纯粹实践理性的方法学说定义 151,149—163。

分析的(analytische) 和综合的方法 10;分析判断 13;分析的统一性(连接) 111,113;分析的认识 112。

分析论 (Analytik) 1. 纯粹实践理性的分析论 7—8,10,15,19 及以下,42,110,112 及以下;关于纯粹实践理性分析论的批判性阐释 89 及以下,尤其 91—3;纯粹实践理性的分析论 16,42,89 及以下。

丰特奈尔 (Fontenelle)77。

伏尔泰（Voltaire）78。
福利/祸害（Wohl/Übel）见**善**（**和恶**）。
《福音书》（*Evangelium*）《福音书》的学说（规矩）83，86，127注，参见**基督教**。

G

感觉/感官（Sinn）内感觉23，58，80，98，114；感觉的欺骗117；内感觉和外感觉97；与知性相对23及以下；道德感觉38及以下。
感觉世界（Sinnenwelt）见**知性世界**。
感受（Empfindung）理性相对的感受38，58及以下；瞬息即逝的感受61；感受的对象62；参见23，38，68较常用，又见**情感**。
感性（Sinnlichkeit）1.＝感觉表象（与知性相对）63，参见**感觉/感官**；2.感性作为道德动力73，75，78，159，参见**禀好**。
感性化（Versinnlichung）137。
感性论（Aesthetik）纯粹理论理性和实践理性的感性论90。
高贵行为（edle Handlungen）155。
个人/人格（Person/Persoenlichkeit）定义个人/人格87；参见66，73，76，87及以下，147，153，157，162。
公设（Postulate）与纯粹数学公设相区别的纯粹实践理性的公设12注，31；定义公设122，132及以下，参见12注；三个公设132，不朽的公设122－124，上帝存在的公设124－132，自由的公设132－134，参见**自由**；一般纯粹实践理性的公设132－134，参见46，133，135，142及以下。
公式（Formel）道德性的新公式8，8注。
功业（Verdienstliche），155注。
古代人，古人（Alten）24。
关切（Interesse）关切定义79，119；出于动力的关切79；禀好的关切120；自由的关切80，146；121；实践的关切121；纯粹的关切154，159；或道德的关切80，160；一切关切最终都是实践的122；采取一种关切80；思辨理性和实践理性的关切121，参见142，143。
关系（Relation）关系的实践范畴66。
观念性（Idealität）时间与空间的观念性100，101。
规矩（Vorschrift）实践的规矩（与法则相对）20，25及以下，31，34，66；参见**规则**。
规则（Regel）实践的规则，规则与法则的区别19及以下，67及以下；规则的分类66；技巧规则26；想象力的规则51；一般的和普遍的规则36。

H

哈奇逊（Hutcheson）40。
合法性（Legalität）与道德性相对71，80，118，151，152。
合乎法则性（Gesetzmäßigkeit）一般理性的普遍合乎法则性45，71；行为的合乎法则性85。
合乎目的性（Zweckmäßigkeit）自然的合乎目的性139，145，160。
贺拉斯（Horaz）5注。
亨利八世（Heinrich VIII），155。
洪福（Seligkeit）118，129，参见124注。
化学的（chemische）运用于伦理学的化学的过程92，163。
怀疑主义（Skeptizismus）3，13，53及以下，103。
悔恨（Reue）98。

J

机械作用（Mechanismus）97。

基本力量（Grundkräfte）基本能力（Grundvermoegen）47。

基督教（Christentum）基督教的宗教学说 123 注，127 以下诸页；基督教的道德原则 127 及以下，参见**福音**（Evangelium）。

几何学（Geometrie），纯粹几何学 31；参见**数学**。

技术的（technische）数学或自然科学的技术命题 26 注。

价值（Wert）个人的道德（内在）价值 73，88，147，154 及以下，157；直接的价值 38；道德意向的无限价值 160，162，参见 147；行为的价值 153；准则的价值 151；生命的价值，参见**生命**。

假设（Hypothese）＝必然的认定（公设）11 注，参见 126，139；与公设相区别的假设 142，143。

假象（Schein）辩证假象 107。

教育（Bildung / Erziehung），道德教育 161；教育原则 40，77，85，86，88，99，152，154 及以下，156，157。

教育学（Pädagogik），参见**教育**。

接受性（Empfänglichkeit）对快乐与不快接受性 21 及以下；对德行的接受性 152 及以下。

节制（Enthaltsamkeit）126。

结盟体系（Koalitionssystem）24；结盟的努力（Koalitionsversuche）112。

进步/前进（Fortschritt/Progressus）趋于无穷改善的进步/前进 33，83，122 及以下，129。

经验（Erfahrung）定义经验 42；与理性相对的经验 12，26，36 较常用；与必然性相对的经验 51；可能的经验 42，45，46，53 及以下（三次），136；普通的经验 163；经验的试金石 13。

经验的（empirische）＝属于感觉世界的 29，参见 67 及以下。

经验主义（Empirismus）一般经验主义的体系 13 及以下，50 及以下；经验主义据以建立的基础 13；实践理性的经验主义 70 及以下；经验主义的浅薄 94。

经验主义者（Empiristen）7。

精神（Geist）法则的精神（与条文相对）72，72 注，82，85，152。

景仰（Bewunderung）76，78，156，161。

敬重（Achtung）敬重的情感 定义敬重 80 及以下；是唯一的先天情感 73，78；是真正的道德情感 75，80；是既包含快乐又包含不快的情感 77；否定的与肯定的敬重 75；与爱相对立 84 及以下，又比较 73 及以下，88，92，117，128，131，147，151，156，161。

K

科学（Wissenschaft）科学与哲学 12，52，108，163；科学与智慧 108，128 注，141，163；科学与理性 91；以批判的方式觅得的和从方法上导入的科学 163。

科学研究无先决条件（Voraussetzungslosigkeit wissenschaftlicher Untersuchung）106。

可分性（Teilbarkeit）空间的可分性 13。

可能性（Möglichkeit）行为的自然的与道德的可能性 13，58，143；自由的可能性 93，133；对象的可能性 13 注。

克鲁修斯（Crusius）40。

空间（Raum）参见**时间**。

快乐（Lust）定义快乐 9 及以下，9 注；快乐与欲求（愿欲）的关系 9 及以下，9 注，21 及以下，58，62，116；参见（快乐与不快的）**情感**。

狂热（Schwärmerei）71，85，162；道德狂热 85；具有英雄特色的狂热和平淡伤感的狂热 86。

狂热(Fanatizismus) 136。

L

莱布尼茨 (Leibniz)97,160。
类比推理 (Analogie)12。
理念(Idee)自由的理念,神圣性的理念,人格的理念,参见**自由**、**神圣性**和**人格**;善的理念 59 注;上帝和不朽的理念 4 及以下,13,134,138,参见**公设**;智慧的理念 111 注,宇宙论的理念 47,133;理智的理念 80,实践的(道德的)和理论的理念 127 及以下,127 注;内在的(构成的)和超验的(规范的)理念 135;与经验相对 136;=理性概念 103。
理想(Ideal) 神圣性的理想 83;源始存在者的先验理想 133。
理性 (Vernunft)=原则的能力 119,参见 160;有限的理性 32 及以下;纯粹理性 15 及以下,19,89;思辨的(理论的)理性和实践的理性 3 及以下,19,45,89 及以下,120 及以下,142 及以下;思辨理性和实践理性是同一个理性 121;实践理性和纯粹实践理性 3,15;客观一实践的与主观一实践的理性 151;纯粹实践理性 25,30,31,33,42 及以下,49,50 及以下,62 及以下,89,125 较常用;纯粹实践理性的任务 125;理性的需求 91;理性的节制 82,理性的对象 57;理性批判 16;理性的自我意识 29;理性的目的 62;理性与快乐和不快的情感的关系 73;理性与感性的关系 61 及以下,90 较常用;理性与意志的关系 55,57 理性与科学的关系 91;理性的整体 10 注,参见 90 及以下。
理性必然性 (Vernunftnotwendigkeit) 12 注。
理性存在者/理性的存在者 (Vernunftwesen/vernunftiges Wesen) 见**存在/存在者**
理性的应用 (Vernunftverbrauch)理性的一般应用 12 及以下,162;理性的普通应用 52,125;理性的纯粹应用 16;理论理性的应用 15,20,42 及以下,52 及以下,125;实践理性的应用 15,35 及以下,56,91;理论(思辨)的和实践的理性的应用 16,50 及以下,119 及以下,134 及以下;理性的超验应用 16,135 及以下;理性的超验应用和内在应用 48,133;理性的科学应用 52。
理性认识 (Vernunfterkenntnis)=先天的**认识** 12。
理性条件 (Vernunftbedingungen) 客观的和主观的理性条件 144 及以下,参见 130。
理性信仰 (Vernunftglaube) 纯粹实践的理性信仰 126,144,146。
理性主义 (Rationalismus)13,参见 14,判断力的理性主义 71。
理智存在者(Intelligenz) 定义理智存在者 125;全足的理智存在者 32;至上的理智存在者 126;纯粹的理智存在者 114,参见 56,162。
理智的(intelligible) 理智的存在者 99,102;事物的理智秩序 42;理智主体 100;理智的基质 99;理智的创作者 114;理智的世界 45,50,87,94,104 及以下,115,113;理智的存在者 105;参见**自由,知性世界,知性存在者。**
立法(Gesetzgebung)普遍的立法 27,31,41,64,65,74;作为成问题思想的立法的可能性 31。
立法的普遍性 (Allgemeinheit der Gesetzgebung),参见**立法**(Gesetzgebung);判断的立法的普遍性 12。
良心(Gewissen) 控告的和判决的良心 98。

量(Quatantät) 量的实践范畴 66。
灵魂升华 (Seelenerhebung)155 注。

M

满足 (Zufriedenheit)感性的满足和理智的(或自我)满足 117 及以下,参见 38 及以下。
曼德维尔 (Mandeville)40。
门德尔松 (Mendelssohn)101。
蒙田 (Montaigne)40。
迷信 (Superstition)135。
迷信(Aberglaube)162。
明智 (Klugheit)111,126,128 注。
命令(Imperative) 命令定义 20;在客观上与准则相对,然而不是法则 20;命令区分为假言的,定言的 20;命令区分为或然的、实然的和必然的 11 注;定言命令 32;=实践法则 41(先天命题 31),134。
谬误推理 (Paralogismen) 纯粹理性的谬误推理 133。
模态(Modalität)(实践的)模态范畴 66,参见 11 注,66 及以下。
目的与手段 (Zweck und Mittel) 见**手段**;目的的秩序 131;目的本身 87,131;一切目的的整体 87。
穆罕默德 (Mahomet)120。

N

内在的(immanent) 参见**超验的**(transzendent)。
拟人论 (Anthroporphismus) 131, 136, 137,138。

P

判断力 (Urteilskraft)实践判断力 67 及以下;判断力的规则 69;判断力的范型 67—71,参见 154,160,163。
配当(Würdigkeit)130。
配当幸福 (Glückwürdigkeit) 110, 130, 147。
批判 (Kritik) 与体系相区别的批判 8;科学批判 8;纯粹实践理性批判 3,6 及以下;纯粹实践理性批判的任务 8,参见 15 及以下;纯粹实践理性批判的理念 15—17;纯粹实践理性批判的区分 16。
品格 (Charakter) 定义品格 152;德性的品格 157;通过品格产生的 97—102;对品格的判断 153 及以下。
普里斯特利 (Priestley)98。

Q

启示 (Offenbarung)137 注。
谦卑 (Demut) 86,128,154。
前后一贯的思想方式 (konsequente Denkungsart)6,7,152;前后一贯是哲学家的最大责任 24;伊壁鸠鲁派的前后一贯 126。
强制性 (Nötigung) 道德法则对意志的强制性 32,80,81,82,84。
切斯尔登 (Cheselden)13。
惬意 (Wohlgefallen) 感性的惬意 160;对自己的惬意,与钟爱(Wohlwollen)的区别 73,116;否定的惬意 118。
情感 (Gefühl) 任何时候都是感性的 75,117;或是本能的 75;始终是经验的 64;理智的情感是一个矛盾 99;与理智相对 22;快乐与不快的情感 9 及以下,25 及以下,58,62 及以下;道德情感 38,75—77,90;参见(道德的)**感觉**,敬重的情感。

R

热情（Enthusiasmus）157。

人/人类（Mensch）作为道德法则主体的人 131；人的实践规定/性质和人的认识，人与理性存在者的区别 146 及以下；参见**存在者**

人道（Menschheit）人道的理念 88，131。

人的理性/人的知性（Menschenvernunft/Menschenverstand）普通人的理性/人的知性 35，36，69 及以下，88，92 及以下，128 注，133，155，163。

认识（Erkenntnis）理论的认识 55；实践的认识 6，16，20，31，56－7，103；先天的认识 12，42，44，93；脱离经验的认识的不可能性 12，42，136 及以下较常用；为了实践意图的认识拓展 134 及以下。

认识能力（Erkenntnisvermögen）10，12，15；纯粹的认识能力 15。

荣誉（Ehre）上帝的荣誉 131。

S

善（gut，das Gute）是实践理性的对象 57；与愉悦/舒适/适意相对 58，与有用相对 59，与福利（Wohl）相对 62；间接的和直接的善 58 及以下，90；直接的善涉及人，而不涉及物 60；善的概念只有通过道德法则来决定 9，58，63 及以下，75，90。

上帝（Gott）上帝不是道德法则的条件，而仅仅是至善的条件 4，133；亦即作为德性与幸福契合一致的根据 124 及以下；上帝只是理念 57，或公设 12 注；认定上帝不是职责，而仅仅是必然的需求 124－127；上帝的概念属于道德学，而不属于物理学 135 及以下；不能从概念上认识上帝 138，而只能从道德必然性上认识上帝 126；上帝的性质 131 注，137 较常用；上帝作为普遍的源始存在者 100，140 及以下；世界的创作者 115，125；道德世界的创作者 138 及以下，145；实体的神圣性理想 158，参见 81；上帝是全足的 100，自足的 118，无穷的 123；上帝是幸福分配者 123，128，130，参见 139；上帝不是我们道德义务的根据 140；上帝令人生畏的威严 147；对上帝的爱和礼拜 131，参见 84；上帝成为宗教对象的缘由 131 注。

上帝的本体论属性（ontologische Pradikate Gottes）138。

神秘主义（Mystizismus）实践理性的神秘主义 70；参见 120。

神秘主义者（Mystiker）120。

神圣性（Heiligkeit）上帝的神圣性，参见**上帝**；道德法则的神圣性 87，122 及以下，158；我们个人之中的人道的神圣性 131，职责的神圣性 158；道德的神圣性 128；意志的神圣性 32，84，122 及以下；上帝的意志的神圣性 82，131；神圣性作为理念 11 注，123 注，或榜样 83，127 注。

神学（Theologie）神学作为幻觉的魔灯 141。

神学家（Gottesgelehrte）138，138 注。

神学家（Theologe）138 注，参见 40。

神智学者（Theosophen）120，参见 121。

生活/生命/一生（Leben）定义 9 注，自然的和道德的生命 89；单纯的生命和它的价值 88，116；欢乐地享受生活 88，来生 61。

时间（Zeit）时间（和空间）42，53，65，100 及以下，事物在时间中的规定 94 及以下；在时间条件下 97，参见 98。

实存命题（Existentialsatz）139。

实践的（praktisch）＝足以决定意志的 19；

=通过我们的意志(经由行为)而可能的 113;参见各处。
《实践理性批判》(Kritik der praktischen Vernunft)3,6,9 注,45,161。
实例/例子(Beispiele)实例/例子对德性的作用 154 及以下;警戒性的例子 163。
实体和属性(Substanzen und Akzidenzen) 102,参见 101。
实在性(Realität) 客观的实在性,参见**有效性**。
世界(Welt)我们的世界和一切可能的世界 139;无数的世界 162;理智的世界,参见**理智的**,参见**知性世界**。
事实(Faktum)纯粹实践理性的事实 6,31 及以下,42;仿佛一个事实 47,55,91,104。
手段(Mittel)手段与目的 58 及以下,61 及以下,87 及以下。
手法(Manier)通俗的认识的手法 151。
属性(Akzidenzen),参见**实体**(Substanzen)。
数学(Mathematik)8 注,11 注,12 注,13 及以下,25,52 及以下,53,163;数学的命题是综合的,不是分析的 52;数学的明证性 93。
斯宾诺莎(Spinoza)102。
斯多亚派(Stoiker)12 注,40,60,86,111,115,126,128 注。
宿命(Fatalität)行为的宿命 101。
宿命论者(Fatalist) 98。

T

他律(Heteronomie[与自律相对])意愿的他律 33,65;他律需要万事通晓 36,参见 43。
体系(System)批判的体系和科学的体系 8,参见 10,151;批判的体系 7;陈旧的体系 9,参见 99。
天空(Himmel)在我之上的星空 161。
条件(Bedingung)实践法则的形式条件 34。
通俗性(Popularität)哲学的通俗性 10。
同情(Mitleid)118。
统一性(Einheit)分析的和综合的统一性 64—67;直观杂多的综合统一性 65;欲求的统一性 65;认识的系统的统一性 91。
图型(Schema)定义图型 69,参见 68;与法则相对 69;法则本身的图型 68。

W

完满性(Vollkommenheit)理论意义上和实践意义上的完满性 41;实践的完满性 12 注,128 注;内在的(我们的)和外在的(上帝的)完满性 41;形而上学的和先验的完满性 41;实体中至上的完满性—上帝 41,参见 140;作为德性的质料原则的完满性 40。
王国/国(Reich) 1. 上帝之国 71,128,130,137;2. 道德王国 82;道德王国与自然王国之间精确的协调一致 145。
威岑曼(Wizenmann)143 注。
唯我论(Solipsismus)73。
唯心主义者(Idealist)13 注。
问答手册(Katechismus),道德问答手册 154。
我(Ich)参见(思维的)**主体**。
沃尔夫(Wolff)40。
沃康松(Vaucanson)101。
无穷性(Unendlichkeit)世界和我的人格的无穷性 161 及以下。
无条件者(Unbedingte)无条件者作为成问题的概念 3,参见 30,47 及以下;无条件者—善(无条件—实践的)29,参见

31,62,69,74,107。
物理学（Physik）物理学和神学 139,140。
物自身（Ding an sich），参见**现象**（Erscheinung）。

X

习惯（Gewohnheit）＝主观的必然性 12－14,51。
先天的（a priori）12 及以下，参见 51。
先验的（transzendental）先验感性论和先验逻辑 91；先验想象力 68；先验自由，参见**自由**；先验理想 133；上帝的先验属性 138；形而上学的先验部分 139。
现象（Ersheinung）（与物自身相对）6 及以下，6 注，29，48，53，94 及以下，105，114；现象是可以在时间中规定的 94 及以下；参见**本体**。
宪法（Verfassung）公民宪法 40，参见 155 注。
想象力（Einbildungskraft）先验想象力 58；想象力的过程 58，参见 52。
象征（Symbol）70。
小说主角（Romanhelden）155。
心理学（Psychologie）9 注，133。
心理学的概念（psychologische Begriffe）7，9 注，94，133。
心灵/灵魂（Seele）作为终极主体的心灵 133。
心灵不安（Seelenunruhe）38 及以下。
心灵力量/心灵刚毅（Seelenstärke）24，127 注，147，152。
信仰（Glaube）理性的信仰（vernunftiger Glaube），参见**理性信仰**（Vernunftglaube）。
形而上学（Metaphysik）一般形而上学 53；形而上学包含物理学的纯粹先天原则 138，形而上学在其先验部分也没有取得任何成就 139，形而上学的独断学说 103。
形式（Form，与质料相对）直观的形式 14 注，66，99；普遍性的形式 34；合乎法则性的形式 25，70；法则的形式 27 及以下，28，31，34，67；自由的形式 67，73；知性世界的形式 42 及以下；意志的形式 27 及以下；纯粹意志的形式 66；单纯的或普遍的立法形式 27，28－9（三次），33，34，41，48，62，63，68，109；单纯的实践形式 74；原理的主观形式和法则的客观形式 31。
形式的（formal）意志的形式法则 23，参见 32，64，109；德性的形式原则 39 及以下，41 及以下。
幸福（Glückseligkeit）定义幸福 22，124，参见 72，147；所有人的渴求 25，幸福以经验为条件 25，37；普遍的幸福 36；个人的幸福 22，25，34，35 及以下，37 及以下，156；外在的幸福 34 及以下；一般而言并非一切都取决于幸福 25；与对邻人的爱相对的幸福 83；幸福与德性（德行）的关系 93，110－120；作为至善的第二种因素 124－132，144 及以下。
幸福学说（Glückseligkeitslehre）（与道德学说相对）41，92 及以下，130。
休谟（Hume）13，50－53，56。
需求（Bedürfnis）纯粹理性的需求（＝主观的必然性）5，91，125 及以下，尤其 142 注，144 注；与权利相对立的需求 159；与理性相对立的（感性）需求 112。
许可的与不许可的事情（Erlaubtes und Unerlaubtes）11 注，66。
学派（Schulen）哲学学派 35，参见 14 注。

Y

亚里士多德（Aristoteles）128 注。

演说家（Redner）11 注。
演绎（Deduktion），定义演绎 46；1. 纯粹实践理性原理的演绎 42—51，参见 53，93；2. 至善的先验演绎 113，126；3. 范畴的演绎 141；自由的演绎 47。
要素论（Elementarlehre）（与方法论相对）纯粹实践理性要素论 17—149；要素论的导论 15—17。
伊壁鸠鲁（Epikur）24，40，41，116，120，141。
伊壁鸠鲁派（Epikureer）88，126 及以下，128 注。
义务（Verbindlichkeit）道德义务 32，35，参见 36，38，159；＝**强制性** 81。
意识（Bewußtsein）纯粹的和经验的意识 6 注；意识的统一性 65，66；我的实存的意识 162。
意向（Gesinnsung）真正的道德意向 72，83 及以下。
意志（Wille）定义意志 15，31，59，60；＝实践理性 55；纯粹意志及其源泉 29 及以下，参见 32，55 及以下，62 及以下；与受本能刺激的意志相对的意志 19，25，32；自由意志 29 及以下较常用；纯粹自由意志 34，参见**自由**；自由意志的可能性 72，参见 62 及以下；绝对善的意志 62，74；（上帝的）神圣的意志 32，72，79，84，87；意志与我们的意志的关系 89；意志作为德性的质料的（非真正的）原则 40，41；意志的因果性，参见**因果性**；意志和自然的能力 45，58；＝目的的能力 59。
因果性（Kausalität）自然的因果性（＝自然机械作用［Naturmechanismus］6 注，97）3，6 注，29，40，49，65，68，95 及以下，115，142；心理学的和机械的因果性 97；休谟对因果性的怀疑 13，50 及以下，不以经验为条件的意志的因果性或自由（以及作为自由，出于自由，通过自由）的因果性 3，6 注，9 注，15，16，20，44 及以下，47，66，69，94 及以下，103 及以下，114，115，125；理智的因果性 73，104，114；自由的因果性 105；（纯粹）理性的因果性 65，参见 80，89 较常用。
应当（Sollen）应当（das Sollen）5，20；应当和能够 30，95，159。
永恒（Ewigkeit）永恒的威严 147。
优先地位（Primat）定义优先地位 119；纯粹实践理性的优先地位 119—122。
尤维纳利斯（Juvenal）159。
有效性（Gultigkeit［实在性｛Realität｝］）判断的客观有效性 13 及以下；法则的有效性 26，47；理念的有效性 3 及以下；范畴的有效性 53 及以下；实践的有效性 48—50，57，134 及以下。
愉快/消遣（Vergnügen）58，60；愉快的时间与程度 23；精致的和粗糙的愉快 24，参见**愉悦，快乐**。
愉悦/舒适（Annehmlichkeit），（适意［Das Angenehme］）与善相对立 22 及以下，24，58—61，88。
语言（Sprache）新的哲学语言 10，参见 59。
欲求能力（Begehrungsvermögen）定义欲求能力 9 注，参见 12，20，57 及以下；低级的和高级的欲求能力 22，25；欲求能力的形式和质料 21 及以下，25 及以下；欲求能力与快乐 9—10 注。
原理（Grundsätze）从实践上先天地定义原理 19，参见 16 及以下，19—42；原理的演绎 42—50；原理的可能性来自实践理性 16 及以下，86 及以下，91；原理依赖于概念，而非情感 157；德性的原理 105；理论的原理 16，89 及以下。
原因和结果（Ursache und Wirkung）见**因果性**。
原则（Prinzipien）实践原则 21 及以下，66，119 及以下较常用；无上原则 64，71

较常用;规范的原则 49;理论的原则 25;先天的原则 32,121;形式的原则和质料的原则,参见**形式的**和**质料的**;道德的原则 9,参见**道德原则**(Moralprinzip)。
源始存在者 (Urwesen)见**上帝**。
源始根据(Urgrund)142 注。
愿欲和能够 (Wollen and Können)37。

Z

责任 (Zurechung)97。
折衷主义的 (synkretistisches) 折衷主义的时代 24;折衷主义的体系 99。
哲学 (Philosophie) 哲学的名称 108;=作为科学的智慧学 108;=至善的学说(在古代人那里)108;作为科学的系统哲学 10;实践哲学 9 注;独断哲学 67;哲学和数学 13;哲学和博学 138 注;哲学作为科学的监护者 163。
哲学的独断方法 (dogmatischer Gang der Philosophie)9 注。
哲学家 (Philosoph)108,138 注。
正义/公正性 (Gerechtigkeit) 惩罚的正义 44,上帝的公正性 122 及以下。
知性(Verstand)=思想的能力 136;推论的知性 137;知性与直观的关系 136;知性与想象力的关系 160;知性与理性的关系 55;知性与意志的关系 55;纯粹知性 30,54,144;=理性 55;普通知性,见**人的知性**。
知性存在者 (Verstandeswesen) 纯粹知性存在者 55;=**本体**,参见此条。
知性世界 (Verstandeswelt) 纯粹知性世界 50;知性世界作为感觉世界的根据和榜样 42,43,参见 114 及**理智的**(世界)。
直观 (Anschauung) 感性的直观 56,66,69,89,100,103,136;经验的直观 55,64;纯粹的直观 42,51,68;内在的直观 6;理智的(超感性的)直观 31,45,49,99,123,137。
职责 (Pflicht) 定义职责 32,36,80;职责原则的公式 8,8 注;职责分类 8,8 注,66;职责与唯一的道德情感 38,85 与需求相对 125;与心血来潮相对 85 及以下,154,115 注;职责与高贵的和功业的行为 155 及以下;职责与禀好,参见**禀好**;违反职责的 11 注,66;本于职责与合乎职责相对 81 及以下,88,117;完满的和非完满的职责 66,职责的尊严 89;职责的神圣性,参见**神圣性**;职责与本分 82,85;职责与上帝的命令 129;康德对职责的顿呼 86。
至善(das höchstes Gut)至善是道德上受决定的意志的先天客体 4,参见 43,108;古代人和近代人的至善 43 及以下,108 及以下;纯粹实践理性在决定至善时的辩证论 107—114,至善是对象,而不是纯粹实践理性的决定根据 109—110;至善的必然对象 134 及以下;至善和整个目的 132;至善对我们意志必然对象的促进 114,122,124 及以下,143;至善凭借意志自由的实践可能性 112;至善的先验演绎 112 及以下,无上的和完整的至善 110;源始的和派生的至善 125,128,131 及以下;至善整体 112 及以下;又见**上帝之国**(Reich Gottes)。
质(Qualität) 质的实践范畴 66。
质料 (Materie[与形式相对]) 欲求能力的质料 21,24 及以下,27,74;实践法则的质料 29;愿欲的质料 33 及以下;准则的质料 34;动物性的质料 186。
质料的 (materiale) 德性的质料原则 21 及以下,39;德性的质料原则表 40,参见 41。
秩序(Ordnung) 事物的理智秩序 42,49,86 参见 107,参见目的的秩序。

智慧（Weisheit）智慧的理念 12 注，128 注，141，163；经由科学通向智慧之途 108，128，141，163；理论的和实践的智慧 130；至上智慧 130，131 注。

智者（Weise）斯多亚派的智者 127 及以下，127 注，参见 108 及以下。

主体（Subjekt）思维的主体 6。

准则（Maximen）意志的准则定义 19，66；参见 19 及以下，又参见各处；准则依赖关切 67；禀好的准则 67。

自爱（Eigenliebe/Selbstliebe）（与德性相对）自爱的原则 22，25 及以下，34，35 及以下，72 及以下，85，159；理性的自爱 73。

自爱（Selbstliebe/Eigenliebe［与德性相对］）自爱的原则 22，25 及以下，34，35 及以下，72 及以下，85，159；合理的自爱 73。

自动机（Automaton），精神和自动机和物质的自动机（materiale und spirituale）97，参见 101。

自发性（Spontaneität）自由的绝对的自发性 48，99，101。

自负（Eigendünkel）（德性的）自负 73 及以下，76 及以下，83—85，87，154。

自律（Autonomie）意志的自律或作为德性的无上原则的纯粹实践理性的自律 33，42 及以下，126，129；自由的自律 87，参见 33，110；这个原则的简单性 36。

自然/本性（Natur）＝事物在法则之下的实存 43；自然区分为感性的和超感性的 43，参见 70 及以下，88，127；超感性自然的概念和可能性 45，47；原型的自然和摹本的自然 43；自然和自由意志 44；本性和德性 129，参见 68 及以下。

自然法则（Naturgesetze，与道德法则相对）6 注，19，26，69 及以下；普遍的自然法则，28—30，145；自然法则作为自由法则的范型 69。

自然机械作用（Naturmechanismus［自然必然性］），33 及以下，49，87，97 较常用；自然机械作用和自由 6 注，30 及以下，94 及以下，参见**因果性，必然性**。

自然进程（Naturlauf/Naturgang）145。

自杀（Selbstmord）44，69。

自私（Selbstsucht）73。

自我（Selbst）人的不可见的自我 162。

自我敬重（Selbstachtung）161。

自我立法（Selbstgesetzgebung）见**自律**。

自由（Freiheit）1. 与心理学（比较的 101）关联的自由 6 及以下，94 及以下；通过内表象产生的自由 96 及以下；＝旋转式烤肉叉的自由 97；2. 根本的（96）、最严格的（29）或先验的意义的自由 3 及以下，94 及以下。a）否定意义上的自由 29，33，42，47 及以下；或成问题的自由 49，＝对客体的独立性 33，本性的自由 96；意向的自由 117 及以下，132。b）肯定意义上的自由＝意志自律 33；自由与绝对自发性 48，99；自由作为理智存在者的因果性 67，78，105，132；自由与理智世界的法则 132，参见 42，99；自由授予其他理念以客观实在性 4 及以下，133 及以下。自由本身是道德法则的条件 4，4 注，参见 29 及以下，33；导至自由的东西 29 及以下，47。自由构成纯粹理性体系的拱顶石 3 及以下。自由的范畴，参见**范畴**；自由的丰衍性 103 及以下；自由的困难 7 及以下，47，96 及以下；自由概念的不可或缺 7 和不可理解性 7；自由概念的可能性是不能够予以解释的 46；自由作为规范的原则 49；自由作为事实 6，参见 15；自由和自然必然性 6 及以下，94 及以下；实践的自由＝意志对于道德法则以外的任何东西的独立性 94，自由意识 42，160；如何拯救自由 95

及以下，99 及以下，参见(自由的)**意志**。
自足（Selbstzufriedenheit）117，参见 118 及以下。
宗教（Religion）宗教定义 128；从道德迈向宗教 130，参见 122。
宗教狂热（Religionsschwaermerei）84，参见 123。
宗教学说（Religionslehre）124 注，128。
综合（Synthesis）齐一的东西的综合 104；有条件者的综合 104；综合的概念 111，113。
综合的（synthetisch）先天综合的实践命题 31，46；理论的综合 42，参见 139。
祖国（Vaterland）为国捐躯 158。
罪行/罪犯（Verbrechen/Verbrecher）37 及以下，100。
尊严（Würde）人的尊严 152；人道的尊严 88；道德法则的尊严 147。

译　后　记

康德著作的汉译，无论于译者还是于读者，都是一桩难以轻言撂开手的事情。译者之所以放心不下，乃是因为迄今为止，尚无一部堪称经典的译本出世，其中原因多多，不一而足。但康德研究至今仍是哲学领域的显学；即使在中国，至少康德的三大批判不知为人们逐字逐句地爬梳了多少遍，批评者是一字一句来挑剔译文的遣词造句的，而不必替译者费心全书的照应，更遑论康德整个体系的照应。这可以算作一个主要原因。但是另一方面，康德研究在中国虽然历史不短，然而无论在深入和全面两方面却依旧是大有欠缺的，而此种不足无疑制约了译本水平的提高。读者之所以放心不下，乃是因为中国绝大多数读者是借助汉译来阅读和研究康德的，即使专家中间，单凭原文无需汉译之助研究康德的也在少数。这样，汉译对于多数研究和喜爱康德的读者，便是进入康德哲学堂奥的唯一门径。

鉴于这样的一个事实，人们对于康德著作汉译的不满和期望，不仅其出有因，而且理由也是十分充足的，但是，这同时也使我们明白，今日中国的康德研究，无论它的研究水平如何，大大得益于先前的译本和先驱译者。而新出的译本，无论有多大的改进，总会或在积极意义上或在消极意义上，以直接的方式或间接的方式，受惠于既有译本。

《实践理性批判》是康德三大批判的第二部，1788年初次出版。此著在康德实践哲学中的意义、重要性以及它在整个批判哲学体系中的位置，是一个颇大而且奥衍的题目，笔者已经另有专论[①]，这里只拟撮要介绍与移译此书有关的版本、术语和缘起。

在笔者的新译之前，《实践理性批判》有两个中文译本，其一出自关文运先生之笔，这是多少年来大陆的唯一译本，但因为受到许多批评，已经绝版多时；但大陆研究康德实践哲学的很少有人能够离得开这个本子。另一个汉译是由牟宗三先生完成，在台湾出版的。由于众所周知的原因，大陆上能够读到这个本子的人很少，笔者以前看过这个本子。由于牟宗三先生翻译康德的宗旨，并且由于他的行文在风格上与现代汉语相去较远，而且所用术语与我们现在通行的也有很大的不同，是故实有其不足之处。这样，重新移译《实践理性批判》便有十分的必要。

笔者所据《实践理性批判》德文原本是普鲁士科学院的《康德全集》第 5 卷，即 *Kants gesammelte Schriften*. V，heraus. von Königlich Preussischen Akadämie der Wissenschaften，1922。为了便于对照，汉译在页边注明上述版本的页码。同时，笔者参考了德国 Felix Meiner 出版社“哲学丛书”中 1993 年版的《实践理性批判》。此本原是由著名新康德主义者和康德研究专家卡尔·福兰德(Karl Vorländer)校订的。笔者还参照了贝克(Lewis White

① 参见拙著《康德传》(河北人民出版社，1997)《意志自由》一章。

Beck)英译本的第三版,以及艾博特(Thomas Kingsmill Abbott)的英译本第六版。贝克译文比较注重英文的流畅和可读性,因而对于德文原文的句式结构有较大的改动,而艾博特的译文相对而言较为注意保持康德原文的风格。不过,笔者注意到,贝克的译文实际上受艾博特的影响颇大,在一些较为艰涩的段落,贝克的行文往往与艾博特的几乎一致。牟宗三的汉译主要依据艾博特的英译,同时参考贝克译本。关文运译本从版权页上看是依据卡西尔主编的康德文集本第五卷译出的,但从其译文来分析,其实在相当大的程度上参照了艾博特的英译本。

术语一向是翻译哲学著作的难点。笔者措置术语时遵循如下原则:第一,基本术语的翻译力求一以贯之,而不随意变换;第二,术语尽可能采用哲学界公认或普遍采用的成译,只要所用术语基本切合所译德文原词的本义及其在具体语境中的语义功能;第三,几乎不生造新词,而采用汉语既有的词汇,尤其是古汉语里面既有词汇。后者本是一个巨大的宝库,可惜由于文化断代,现代汉语使用者竟大多无力很好地运用其中的资源。

笔者参照 Felix Meiner 本编制了一个索引,基本术语的汉德对照都可以在其中查到,因而就无需在这里赘言。只有一个概念例外,需要予以专门的解释。这就是“禀好”,此词的德文原文是 Neigung,意指一种与生俱来的自然倾向,而非人后天的选择。人的自由体现在抗拒这种禀好,而听从道德法则的决定。在康德实践著作的汉译诸本里面,此词的译法各不相同。牟宗三译为“性好”,这是一个自造的词。如果“性”按其本义,乃指人之本性,那么将 Neigung 理解为本性之好是不符合康德原意的,因为 Neigung

至多只是人的禀性的一个方面，即相对于道德来说，是消极的方面。人的本性还包括积极的方面，这就是自由意志及道德法则。苗力田先生译作“爱好”，其缺点一如苗先生自己所说，“减弱了倾向的客观性”[①]。关文运则没有通译，由好恶，爱好，喜好，而至情欲等等，从而使康德实践哲学中的一个非常重要的概念消失在毫无定见的随意之中。基本概念译法的不统一，这是关译的最大缺陷之一，而对于像《实践理性批判》这样的著作来说，这往往会产生致命的误解。原因当然在于译者根本缺乏研究。笔者“禀好”之译，也出于自造。“禀”一词用其本义，表示所受于天或自然，而非人自己的选择，“好”则表示倾向，“禀好”则意指一种自然的、客观的倾向。

康德句式的繁复与佶屈聱牙是读过康德著作的人都深有体会的，有时长长一个段落只有一个句号，其中包括着许多分句和插入语，所谓十个手指不够用的笑话就是指此而言。艾博特的英译较为尊重原文的语势，而贝克译本对康德原文的语势和句子结构作了较大的改动，有流畅简练之美，然而尽管这种更动大多有充分的根据，却也有不少出于主观的推测。笔者的译文以尊重原著句式，语势和风格为准则，而不做过分的改写，同时也力图避免笨拙的欧式句子，遣词造句以符合汉语的规范为准；如果规范尚付阙如的话，就采取汉语的习惯用法。这自然是一个很高的要求，笔者是否做到了这一点，尚需读者评判。

---

① 参见康德《道德形而上学原理》，苗力田译，上海人民出版社，1986 年，第 169 页。

翻译本书的缘起是笔者在1995—1996年第二学期为北京大学哲学系高年级本科生和研究生开设的“康德实践哲学”讨论班。笔者为讨论班布置了许多阅读材料，接近于欧美大学讨论班的阅读量。虽然参加者都是出于爱好来研读康德实践哲学的，但要求他们完全阅读英译或德文原著，毕竟是不现实的，而学生们也希望有一本方便阅读的汉译本。于是，建议出版社重新刊印关译《实践理性批判》，以解读者之渴。商务印书馆的武维琴和陈小文先生于是希望笔者能够校对一遍。然而历时数月，从头至尾校过之后，改动的文字已经超过原译的四成以上，而且为了照顾原译的风格，许多不尽切合原文意思的美文也未尽数改正过来。这样一个状况自然令大家都不满意，重译就是势所必然的了。笔者从1996年11月动手，至1997年1月底赴加拿大从事政治哲学研究之前，已经译毕全书三分之一强。是年9月回国后，笔者一边同时开设了《纯粹理性批判》和罗尔斯《政治自由主义》两门研究生讨论课，一边开始续译《实践理性批判》。《纯粹理性批判》与康德实践哲学的关系及其重要性自不待言，而罗尔斯受康德实践哲学影响之深，尤其《政治自由主义》所体现的康德实践哲学的精神，是尚少为国人所知的。罗尔斯的《正义论》和《政治自由主义》都是从康德实践哲学出发的，前者采纳的是康德的道德原则，而后者在理性信念，在理论基础和方法方面以现代的视野更加深刻地体现了康德实践哲学的精髓。这样一种研究境域，精神气氛和思想维度为翻译《实践理性批判》创造了一个绝好的状态。全书于1998年2月2日译毕；接着又费时几近一月，至1998年2月26日又校毕一通；然后再行修改润色，至3月26日最后合成定稿。

孙永平先生帮助笔者解决了翻译中的拉丁文疑难问题，杜丽燕先生细心地通读了全部译稿，指出行文中的一些疏漏并提出修改意见，同时核对了所有索引页码，笔者对于两位表示特别的谢意。武维琴和陈小文两位先生的信任和关心，使此译能够顺利完成和出版，笔者谨表谢忱。北京大学哲学系研究生刘风罡和厉才茂帮助核对了索引页码，于此致谢。

翻译《实践理性批判》这样一部著作，即使在研究康德十余年之后，对于笔者来说，依旧是一个艰难的任务，而使笔者怀有诚惶诚恐之心。因为我们的职业固然有谋生的重负，但学术却恝然置之而颁行自身的法则，它并不承认这个外在的理由可以为一切投机取巧滥竽充数的东西辩护。在《实践理性批判》最后一节，康德写道："一方面（这是更其急迫的）避免才华横溢，通过后者，就如在聪明的点金术士那里常常发生的那样，尚无方法论的探索和关于自然的真正认识，梦想的珍宝就先行许出，而真正的珍宝却被挥霍掉了"。当笔者读到这一段文字时，愈觉康德所引的那句拉丁语，即"它受到赞扬并饥寒而死（laudatur et alget：其意思是，某种东西受到普遍的景仰，却没有人真正地去身体力行）"含义的沉痛。少年时代读到"黄钟毁弃，瓦釜雷鸣"时，大生爱上层楼的情绪；而在今天便能够体会到，它们之所以负载着这样沉重的心境，原来里面蕴涵着遵守职责的决心，更包含着千古的不忍之心。人文学科因其思想和视野的独特性，原本是极其个人性的精神活动，独持己见当是题中应有之义。如果你还要坚持学术本身的原则，那么在我们这个喧哗翻腾的时代里，就有其极大的风险和巨大的压力了。

黍离之怀，知我者谓我心忧，不知我者谓我何求，于是，笔者要感谢给我以理解和鼓励的朋友。

译文容有疏漏和错误之处，敬请海内外方家不吝赐教，以便日后改正。

译　　者

一九九八年三月廿六日

识于北京大学燕北园听风阁

图书在版编目(CIP)数据

实践理性批判/(德)康德著;韩水法译.—北京:商务印书馆,2017
(汉译世界学术名著丛书:120 年纪念版:珍藏本)
ISBN 978-7-100-14646-3

Ⅰ.①实… Ⅱ.①康… ②韩… Ⅲ.①德国古典哲学 ②无神论 Ⅳ.①B516.31②B91

中国版本图书馆 CIP 数据核字(2017)第 152230 号

汉译世界学术名著丛书
(120 年纪念版·珍藏本)
实践理性批判
〔德〕康 德 著
韩水法 译

商 务 印 书 馆 出 版
(北京王府井大街 36 号 邮政编码 100710)
商 务 印 书 馆 发 行
北 京 冠 中 印 刷 厂 印 刷
ISBN 978-7-100-14646-3

2017 年 12 月第 1 版　　开本 710×1000 1/16
2017 年 12 月北京第 1 次印刷　　印张 13
定价:65.00 元